古代歷史文化 研究輯刊

三一編

王明蓀 主編

第4冊

宋神宗的軍事改革與對夏經略研究（下）

雷家聖 著

國家圖書館出版品預行編目資料

宋神宗的軍事改革與對夏經略研究（下）／雷家聖 著 -- 初
版 -- 新北市：花木蘭文化事業有限公司，2024〔民 113〕
目 4+146 面；19×26 公分
（古代歷史文化研究輯刊 三一編；第 4 冊）
ISBN 978-626-344-656-4（精裝）

1.CST：宋神宗 2.CST：軍事 3.CST：政治發展 4.CST：北宋史
618                                                112022520

ISBN-978-626-344-656-4

9 786263 446564

古代歷史文化研究輯刊
三一編 第四冊                    ISBN：978-626-344-656-4

宋神宗的軍事改革與對夏經略研究（下）

作　　者　雷家聖
主　　編　王明蓀
總 編 輯　杜潔祥
副總編輯　楊嘉樂
編輯主任　許郁翎
編　　輯　潘玟靜、蔡正宣　美術編輯　陳逸婷
出　　版　花木蘭文化事業有限公司
發 行 人　高小娟
聯絡地址　235 新北市中和區中安街七二號十三樓
　　　　　電話：02-2923-1455／傳真：02-2923-1452
網　　址　http://www.huamulan.tw 信箱 service@huamulans.com
印　　刷　普羅文化出版廣告事業
初　　版　2024 年 3 月
定　　價　三一編 37 冊（精裝）新台幣 110,000 元　　版權所有·請勿翻印

# 宋神宗的軍事改革與對夏經略研究(下)

雷家聖 著

# 目

# 次

# 第五章　元豐宋夏戰爭的過程與檢討

## 第一節　神宗時期的西夏

### 一、梁太后的攝政

　　治平四年（1067）十二月，諒祚去世。關於諒祚的死因，《西夏書事》說道：「諒祚凶忍好淫，過酋豪大家輒亂其婦女，故臣下胥怨，而身以羸死，年二十一。」〔註1〕意即諒祚沈溺於美色，最後縱慾過度而死。不過，《西夏書事》這段話，明顯引用自南宋王稱的《東都事略》。《東都事略》卷128〈西夏二〉說諒祚「凶忍好為亂，時過酋豪大家，輒私其婦女，故下多怨」〔註2〕，並未說諒祚「以羸死」，治史者不能因為諒祚貪戀美色，便直接認定他的早逝與好色有關。

　　沈括《夢溪筆談》指出諒祚的死因：「諒祚凶忍好為亂，治平中，遂舉兵犯慶州大順城。諒祚乘駱馬，張黃屋，自出督戰，陣者礦弩射之中，乃解圍去。創甚，馳入一佛祠，有牧牛兒不得出，懼伏佛座下，見其脫韡，血浣於踝，使人裹創舁載而去，至其國死。」〔註3〕不過此一說法也有爭議，大順城之戰是發生在治平三年九月，〔註4〕距治平四年十二月諒祚卒有近一年三個月的時

〔註1〕吳廣成著，龔世俊等校證：《西夏書事校證》卷21，第249頁。
〔註2〕王稱：《東都事略》卷128〈西夏二〉，第1105頁。
〔註3〕沈括：《夢溪筆談》卷25〈雜誌二〉，第241頁。
〔註4〕《西夏書事校證》卷21，第244頁。

間，沈括說「至其國死」，顯然不確。諒祚是否因大順城之戰負傷而死，史無明載。諒祚死後，子秉常即位，年僅八歲，由梁太后（封號為「恭肅章憲皇太后」）攝政。

宋神宗熙寧元年（1068）梁太后攝政後，任命其弟梁乙埋為國相，梁太后與梁乙埋共同掌握國政。〔註5〕其後梁乙埋更將女兒嫁給秉常，成為皇后。這些作法宛如沒藏太后與沒藏訛龐的翻版。梁太后於熙寧二年（1069）七月，宣佈「復蕃儀」〔註6〕，也就是重新採用党項族的禮儀制度。

元昊稱帝以前，便採取了一連串的「本土化」政策，提倡「蕃俗」，打壓漢人文化。仁宗明道元年（1032）德明死後，元昊初即位，便廢除了唐朝的賜姓「李」，改用蕃姓「嵬名氏」。〔註7〕明道二年（1033）三月，下「禿髮令」〔註8〕；景祐四年（1037），命野利仁榮制「蕃書」〔註9〕，創造了西夏文字；七月，更定禮樂制度。〔註10〕可見元昊對「蕃俗」的重視。諒祚親政後，於嘉祐六年（1061）十月「始用漢禮」〔註11〕，開始採行中國的禮樂制度，並在嘉祐八年（1063）七月復姓李氏。〔註12〕但梁太后攝政後，又宣佈「復蕃儀」，《西夏書事》批評道：「梁氏本中國人，不樂漢禮，喜用胡俗，倒行逆施甚矣！」〔註13〕

實際上，梁氏復行蕃儀，可能有不得已的苦衷。梁氏既身為漢人，又為一女子，如何能號令党項族官僚將帥？若仍強調漢人文化，更可能會造成党項官員的猜忌與懷疑。因此，梁太后只有透過「復蕃儀」這種作法，證明自己認同党項文化，這樣才能樹立她的權威。同樣的情形也發生在十八世紀的俄國女皇葉卡捷琳娜二世（Екатерина Алексеевна, 1729-1796）身上，凱薩琳二世原本為日耳曼人，嫁到俄國後，為了爭取俄人的認同，皈依了東正教，並改名葉卡捷琳娜。因此，梁太后「復蕃儀」，可視為是一種爭取党項人認同的政治手腕。

---

〔註5〕《西夏書事校證》卷22，第252頁。
〔註6〕《西夏書事校證》卷22，第255頁。
〔註7〕《西夏書事校證》卷11，第131頁。
〔註8〕《西夏書事校證》卷11，第132頁。
〔註9〕《西夏書事校證》卷12，第143頁。
〔註10〕《西夏書事校證》卷12，第146頁。
〔註11〕《西夏書事校證》卷20，第236頁。
〔註12〕《西夏書事校證》卷20，第239頁。
〔註13〕《西夏書事校證》卷22，第255頁。

梁太后攝政八年，至熙寧九年（1076）正月，國主秉常始親政。〔註14〕秉常親政後，卻喜歡漢人的制度與文化，每遇到漢人，便會詢問中國的制度，終於不顧梁太后與梁乙埋的阻止，於元豐三年（1080）正月宣佈「復行漢禮」〔註15〕，為秉常出謀劃策的，也是一個漢人，即將軍李清。也許秉常真的喜歡漢人的制度與文化，但是這一作法，卻直接影響了梁太后與梁氏家族的權力，原因何在？因為「復行漢禮」之後，一定會引起党項本土官員的反彈。秉常面對這種反彈，勢必要提拔党項官員以安撫之，而如此一來，權力被削弱的就是梁氏家族了。

## 二、神宗伐夏的戰爭準備

元豐四年（1081），梁太后為了鞏固權力，終於發動了政變，殺將軍李清，軟禁了國主秉常，重新臨朝聽政。關於政變的原因，有三種說法：一為李燾《續資治通鑑長編》卷312元豐四年四月壬申條，引鄜延路馬軍副總管种諤向宋神宗奏稱：「近諜報：西夏國母屢勸秉常不行漢禮，秉常不從。其梁相公者，與其叔母亦相繼勸之。既而秉常為李將軍所激怒，欲謀殺叔母與梁相公，其言頗漏露。梁相公與叔母共謀，作燕會召秉常，酒中，秉常醉起，於後園被害，其妻子及從者近百人皆即時繼遭屠戮。」〔註16〕二為王稱《東都事略》卷128〈西夏二〉：「梁氏屢勸秉常不行漢禮，秉常不從。有李將軍者，為秉常誘漢倡婦、樂人，梁氏置酒執李將軍，殺之，幽秉常。」〔註17〕三為《宋史》卷486〈夏國傳下〉：「有李將軍清者，本秦人，說秉常以河南地歸宋，國母知之，遂誅清，而奪秉常政。」〔註18〕

上述第一種說法，秉常與梁氏因「漢禮」問題，本有矛盾，而秉常為李將軍激怒，想要殺梁相公（即梁乙埋）及叔母，結果梁乙埋先下手為強，殺了秉常及其妻子。這一說法除了「漢禮」的問題較有根據之外，其他錯誤百出，秉常及妻子並沒有死，這大概是宋朝的「諜者」道聽途說而來的情報吧。

第二種說法，梁太后因李將軍為秉常誘漢人娼婦、樂人，因此殺李清、幽秉常，這一說法也不太可能。即使李清誘秉常為淫亂，殺李清足矣，何必幽秉

〔註14〕《西夏書事校證》卷24，第275頁。
〔註15〕《西夏書事校證》卷24，第280頁。
〔註16〕《長編》卷312，元豐四年四月壬申，第7566頁。
〔註17〕王稱：《東都事略》卷128〈西夏二〉，第1106頁。
〔註18〕《宋史》卷486〈夏國傳下〉，第14010頁。

常？秉常的祖父（元昊）、祖母（沒藏太后）、父親（諒祚）、母親（梁太后自己）都曾有淫亂之事，「淫亂」在西夏宮廷似乎並不罕見，單純的「淫亂」不太可能是政變的真正原因。

筆者認為第三種說法較可信，李清勸秉常將河南地歸宋，幾乎是將西夏國土的三分之一割讓給宋朝（見圖 5-1-1），這種賣國的行為，梁太后怎麼能接受？筆者懷疑李清可能是宋人的間諜，先利用宋朝的文化（甚至包括娼婦、樂人）引誘秉常，再遊說秉常將河南地歸宋。梁太后知道後，見國家前途危急，才當機立斷發動政變，阻止了秉常的計劃。

圖 5-1-1 河南地（黃河河套以南之地）

這一情形與晚清的「戊戌政變」十分類似。晚清甲午戰爭以後，康有為等人主張維新改革，光緒皇帝接受康有為的意見，開始進行變法，傳統史家認為慈禧太后是保守派，反對改革，這不是與秉常「復漢禮」而梁太后持反對態度的情形十分類似嗎？但僅止於此，不論在西夏或晚清，似乎都還不足以成為發動政變的理由。

根據本人《失落的真相：晚清戊戌政變史事新探》一書指出：當時康有為聽信了英國傳教士李提摩太與日本前首相伊藤博文的遊說，要推動「中美英日四國合邦」的計畫。所謂「合邦」，是中美英日四國要將「兵政稅則及一切外交等事」（即軍事、財政、外交的權力），交給四國共選的一百人來掌管，達到國家合併的目的。實際上，英國、美國、日本根本不可能同意這樣的計畫，因

此這一計畫，很明顯是李提摩太、伊藤博文設計的外交騙局，誘使中國交出國家大權，達到兼併瓜分中國的目的。康有為等人外交知識淺薄，竟聽信這種陰謀，並將這一計畫上呈光緒皇帝，慈禧太后是發現局勢危急，才當機立斷發動政變，阻止了「合邦」的陰謀。〔註19〕這與李清「河南地歸宋」的建議，不是有異曲同工之妙嗎？也許只有這種攸關國家存亡的重大事件，才會成為梁太后與慈禧太后斷絕母子之情，發動政變，軟禁秉常與光緒皇帝的真正原因吧。

　　梁太后發動政變、重新聽政之後，宋朝的鄜延馬軍副都總管種諤在前引的奏疏中繼續說道：

> 臣竊謂賊殺君長，國人莫不嫌惡，羌人遽然有此上下叛亂之變，誠天亡之時也。宜乘此時大興王師，以問其罪。仍願陛下假臣鄜延九將漢蕃人馬之外，量益正兵，選陛下左右親信中貴人為監軍同行，文武將佐，許臣自辟置，止裹十數日之糧，卷甲以趨，乘君長未定倉卒之間，大兵直擣興、靈（興慶府與靈州），則河南、河北可以傳檄而定。〔註20〕

宋神宗得到種諤的奏報後，隨即批示：「已遣王中正往鄜延、環慶路體量經制邊事，可密詔兩路經略司，中正所須錢物，於拊養庫不計多少，畫時應副。」〔註21〕又批示：「已議於陝西、河東五路聚集軍馬，其錢糧、器械，中書、樞密各委官盡數刷會，準備應副。」〔註22〕神宗已經接納種諤趁機對西夏發動戰爭的看法，並開始進行戰爭準備了。

　　種諤又向宋神宗分析此時的宋遼夏三角關係，說道：

> 契丹自數年來，歲嘗三四，以拜禮佛塔為名，欲假道興州（西夏首都興慶府），而意在吞併其國，西人平時已常患之。況今國內有亂，若聞中國棄而不顧，或備而遲留，萬一契丹乘此舉兵併吞，易若反掌矣。若西夏果為契丹所併，則異日必為大患於中國，故今此事繫朝廷為與不為，決與不決耳。所謂楚得之則楚勝，漢得之則漢勝，今西夏疆場若歸中國，則契丹孤絕，彼勢既孤，則徐為我所圖矣。兵法曰：「先發者制人，後發者制於人。」願陛下留神，早運勝算，

〔註19〕雷家聖：《失落的真相：晚清戊戌政變史事新探》（臺北：五南圖書公司，2016年）。簡體字版：《引狼入室：晚清戊戌史事新探》（上海：中西書局，2019年）。
〔註20〕《長編》卷312，元豐四年四月壬申，第7566頁。
〔註21〕《長編》卷312，元豐四年四月癸酉，第7566頁。
〔註22〕《長編》卷312，元豐四年四月甲戌，第7567頁。

此千載一時之會，陛下成萬世大勳，正在今日矣。〔註23〕

种諤認為西夏爆發內亂，若宋朝不趁機攻取西夏，西夏必為契丹所滅，契丹一旦佔領西夏，對宋朝的國防安全將更為不利，因此勸神宗一定要先發制人，出兵攻佔西夏。种諤又認為攻打西夏「不必遠調兵賦，止發北路九將兵，裹糧出塞，直趨巢穴。兵尚神速，彼未及知，師以及境矣」。〔註24〕种諤的建議，有輕率冒進的問題。首先，契丹是否有趁西夏內亂攻打西夏的意圖，宋朝方面並未確知，种諤單方面判斷契丹必會趁機攻佔西夏，實在過於輕率。其次，如按照种諤的建議，宋朝趁西夏內亂出兵攻打西夏，契丹是否會以救援西夏為名，對宋朝開戰，若如此則宋朝將同時與遼夏兩面作戰，對宋朝甚為不利。其三，西夏雖然發生政變，但內部是否已經分崩離析，不堪一擊？种諤認為只須用鄜延本路九將之兵即可討伐西夏，實在太過樂觀。

宋神宗也認為种諤的建議失之輕率，批示道：「雖朝廷見遣王中正往體量確的情偽，又慮兵機一失，悔不可及，宜先令沈括（鄜延經略安撫使）、种諤密議點集兵馬，告諭逆順，招懷並邊主兵酋首，以俟大兵併力。仍未得便舉事，先密具畫一以聞。」〔註25〕宋神宗告訴种諤「仍未得便舉事」，阻止了种諤輕率的計劃，而是採取加強部署、招降納叛，為未來的大戰作準備。

六月，「丙寅，詔李憲赴熙河路經制司管勾職事。先是，憲久留闕下，將用兵西邊，故遣還。」〔註26〕神宗開始進行高層將帥的部署，將宦官李憲派到熙河路，統帥熙河路的大軍。李憲到熙河後，開始積極部署軍隊，上奏神宗說道：「準宣發廣勇右二十指揮駐熙河，令臣將之。以往廣勇創置，未嘗出軍，乞於宣武、神勇、殿前虎翼差一指揮，為臣親兵。」李憲認為神宗調派至熙河路的廣勇右二十指揮，「未嘗出軍」，沒有實戰經驗，因此希望神宗派遣有實戰經驗的部隊作為李憲的親兵。對此神宗下詔：「改差殿前虎翼右一廂四指揮，所乞親兵牙隊，至管軍方許，可割與李憲令知。」〔註27〕同月戊寅，神宗又下令：「復西上閤門使、榮州刺史、知代州高遵裕為岷州團練使、知慶州。」尋有詔促遵裕赴任。〔註28〕對高層將帥進行進一步調動部署。

〔註23〕《長編》卷312，元豐四年四月丙子，第7568頁。
〔註24〕《長編》卷312，元豐四年四月丙子，第7568～7569頁。
〔註25〕《長編》卷312，元豐四年四月丙子，第7569頁。
〔註26〕《長編》卷313，元豐四年六月丙寅，第7586頁。
〔註27〕《長編》卷313，元豐四年六月辛未，第7590頁。
〔註28〕《長編》卷313，元豐四年六月戊寅，第7592頁。

　　然而正在此時，上呈〈平戎策〉、經營熙河路的王韶卻在此時去世，「（六月）己卯，洪州言知州、觀文殿學士、正議大夫王韶卒，輟視朝，贈金紫光祿大夫，諡襄敏。」〔註29〕在宋夏大戰即將爆發之時，王韶之死實為宋朝的一大損失。王韶如果不死，以王韶對西北的認識與經驗，應該可以為宋神宗提供許多切實有用的建議。王韶雖死，但戰爭的準備仍要繼續，同月辛巳，神宗下詔：「應熙河路及朝廷所遣四將漢蕃軍馬，並付都大經制並同經制李憲、苗授，依階級法總領，照應董氈出兵，俟得蕃中要約時日，斟酌機會調發，隨處駐劄。如董氈欲得兵馬過界共力攻賊，選官部分本路蕃弓箭手，量所用人數以往。」〔註30〕在熙河路，由李憲、苗授擔任正副統帥，率領朝廷派來之蕃漢兵馬共四將，並約河湟領袖董氈出兵，如果董氈願意出兵攻打西夏，宋朝願意派遣蕃弓箭手協助董氈。王韶創設的熙河路，大致已做好了戰爭準備。

　　由於西夏政變之後，宋神宗並未立即出擊，而是開始調兵遣將，作戰爭的部署。西夏似乎也發現了宋朝的軍事調動，並作了相應的部署。於是神宗下詔：「陝西路緣邊諸路累報夏國大集兵至，須廣為之備，以東上閤門使、文州刺史种諤為鄜延路經略安撫副使，應本司事與經略安撫使沈括從長處置。」當時种諤對沈括說道：「疾雷不及掩耳，今已藉藉，輕兵不可用，勢當成軍進討。」种諤又至京師入對，向神宗說道：「夏國無人，秉常孺子，臣往提其臂而來耳。」神宗壯之，乃決意西征，又命「（鄜延）本路及麟府事悉聽諤節制。」〔註31〕在鄜延路，經略安撫使沈括為文官，只是名義上的統帥，實際軍事事務由种諤負責。

　　在涇原路，神宗下詔：「昭宣使、果州團練使、入內副都知王中正同簽書涇原路經略總管司公事，如遇出界，令王中正及涇原路總管兼本路第一將劉昌祚同往。」〔註32〕按劉昌祚為涇原路總管，王中正為同簽書涇原路經略總管司公事，理論上應該是劉昌祚為正、王中正為副。但實際上王中正為神宗親信宦官，故兩人的權力實際上不相上下。

　　在環慶路，「以東上閤門使、英州刺史姚麟權環慶路總管，遇出界，令知慶州高遵裕與姚麟同往。」〔註33〕亦即以姚麟為環慶路大軍的統帥，高遵裕

---

〔註29〕《長編》卷313，元豐四年六月己卯，第7592頁。

〔註30〕《長編》卷313，元豐四年六月辛巳，第7592頁。

〔註31〕《長編》卷313，元豐四年六月壬午，第7593～7594頁。

〔註32〕《長編》卷313，元豐四年六月壬午，第7594頁。

〔註33〕《長編》卷313，元豐四年六月壬午，第7594頁。

為副。

至此（元豐四年六月末），宋朝諸路大軍高層將帥的調動部署逐步完成。分別是：

鄜延路與河東麟府路：沈括、种諤。

環慶路：姚麟、高遵裕。

涇原路：劉昌祚、王中正。

熙河路：李憲、苗授。

此外，在部隊的調度方面，神宗下詔：「發開封府界、京東西諸將軍馬，分與鄜延、環慶兩路，其鄜延、環慶、涇原招納蕃部等費用，許支封樁錢。涇原路令王中正候編排本路軍馬畢赴闕，於在京七百料錢以下，選募馬步軍萬五千人，開封府界及本路共選募義勇、保甲萬人。如涇原路五千人不足，於秦鳳路選募。」〔註34〕神宗又進一步下詔：「發開封府界、京東西在營兵馬十九將往陝西權駐劄。內府界第一、第三、第五、第六，京東第一至第五，京西第三將，赴鄜延路。府界第七、第九至第十一，京東第六至第九，京西第六將，赴環慶路。」〔註35〕鄜延路除本路兵馬外，得到朝廷增援十將之兵；環慶路除本路兵馬外，得朝廷增援九將之兵。涇原路則由王中正選募馬步軍一萬五千人，及涇原、開封府界義勇保甲一萬人（涇原、開封府界各五千人）。加上先前增援熙河路的四將之兵，朝廷總共增援陝西、熙河共二十三將的兵馬，加上「不係將禁兵」一萬五千人與義勇保甲一萬人，人數至少二十萬以上。若再加上陝西、熙河當地原有的兵馬，則動員兵力超過三十萬人。

如此龐大的動員兵力，在宋朝軍事後勤與財用方面造成了極大的負擔，因此宋神宗也不斷下令督促中央與地方各路準備財用。六月辛巳，神宗下詔：「（熙河路）其錢帛糧草，並委經制管勾官馬申、胡宗哲計度應副，先以支計案充，如不足，以封樁闕額禁軍衣糧並封樁錢帛充，若猶不足，以經制司本息充，又不足，以茶場司錢穀充。」〔註36〕為熙河路的財用做好了規劃。在陝西諸路方面，神宗下詔：「今陝西諸路會集兵馬，利害所繫不細，應樞密院遣兵將、中書調運軍食等事，並會議允當，然後進呈行下。仍於二府逐房各選恭謹敏給吏三二人，專主行，庶可照應前後處分，不致重錯。」〔註37〕要求中書與

---

〔註34〕《長編》卷313，元豐四年六月壬午，第7594頁。

〔註35〕《長編》卷313，元豐四年六月壬午，第7594頁。

〔註36〕《長編》卷313，元豐四年六月辛巳，第7593頁。

〔註37〕《長編》卷313，元豐四年六月辛巳，第7593頁。

樞密院二府會議討論陝西諸路的後勤補給問題，並選派能吏專主其事。至於河東路方面，神宗下詔：「賜末鹽錢三十萬貫付河東轉運司，依例給鈔兌撥，糴買糧草。」〔註38〕神宗並下詔：「已發二十三將軍馬赴鄜延、環慶、熙河，又選募二萬五千人赴涇原，令經略司各具軍器什物闕數以聞。」又下詔：「軍器什物可並以舟載至西京界，令陝西、京西轉運使速增遞鋪人車，已備運致。」〔註39〕可見神宗在西夏沿邊的河東、陝西、熙河各路，都增加了錢糧或擬訂補給計劃，為日後的戰爭作準備。

到了七月，宋朝大軍的指揮體系又有變動，神宗下詔：「种諤速舉可為出兵副貳者一人。」尋以皇城使、康州刺史夏元象權鄜延路副總管。〔註40〕种諤已取代名義上的統帥沈括，成為鄜延路大軍的統帥，而另以夏元象為副帥。

同時，神宗認為：「（河東）麟府路最當契丹、夏人交通孔道，今大兵進討，深慮賊勢窮蹙，遣使求援，宜豫有措置。」為了防止西夏向契丹求援，斷絕契丹援兵之路，於是神宗下詔：「河東第一副將張世矩與第六將高遵一對換，仍令世矩到任，與第七副將王潛將河外三州漢蕃軍馬，除量留城守人外，盡數團結，聽种諤節制。其軍須，令經略轉運司應副。」〔註41〕加強了河東麟府路的軍事部署。隨後神宗又下詔：「張世矩等並隸王中正，前降隸种諤指揮更不行。」「王中正措置麟府兵馬，兼管鄜延、環慶、涇原三路軍馬，仍下逐路入界總兵官與王中正從長議定，方得進兵。」〔註42〕神宗對高層將領的部署做了很大的調動，把王中正調到河東麟府路指揮該路兵馬，又將鄜延、環慶、涇原三路軍馬也交給王中正兼管。

在熙河路，神宗下詔：「熙河地形據賊上游，水陸皆可進討，委李憲等廣募鄉導，多設奇計。今雖於河州界與董氈攻取，仍相度置船栰於洮水上流，或漕軍食，或載戰士，或備火攻。……即已有兵馬分擘不足，更可發秦鳳路四將相兼。」〔註43〕將秦鳳路四將之兵也交給李憲統一指揮。

八月初，神宗又做了戰前最後一波的將領調動，下詔：「以西上閤門使、提舉永興秦鳳等路義勇保甲兼提點刑獄狄詠權環慶路副總管，東上閤門使、英

〔註38〕《長編》卷313，元豐四年六月辛巳，第7593頁。
〔註39〕《長編》卷313，元豐四年六月癸未，第7595頁。
〔註40〕《長編》卷314，元豐四年七月己丑，第7600頁。
〔註41〕《長編》卷314，元豐四年七月壬辰，第7602頁。
〔註42〕《長編》卷314，元豐四年七月癸丑，第7612頁。
〔註43〕《長編》卷314，元豐四年七月癸巳，第7603頁。

州刺史、秦鳳路副總管姚麟為涇原路副總管。遇出界，狄詠、高遵裕、姚麟與劉昌祚俱行。」〔註44〕

姚麟為何由原來環慶路總管被降為涇原路副總管？史無明文。據《宋史》記載：「（姚）麟字君瑞，兄（姚）兕攻河州時，俱在兵間。中矢透骨，鏃留不去，以彊弩出之，笑語自若。積功至皇城使，為秦鳳副總管。從李憲討生羌，擒冷雞朴。再轉東上閤門使、英州刺史。」〔註45〕筆者推測，姚麟嘗跟隨李憲出戰，屬於李憲的手下，且姚麟性格嚴肅，「為將沈毅，持軍不少縱捨。宿衛士嘗犯法，詔釋之，麟杖之於庭而後請拒詔之罪，故所至肅然。」〔註46〕不為高遵裕所喜。高遵裕為高太后之叔父，宋神宗也希望他獨當一面成為一路統帥，故將姚麟調離環慶路，改為涇原路副總管。

此時宋朝的作戰序列如下：

北路軍：王中正統帥。

河東麟府路：王中正。

鄜延路：种諤、夏元象。

環慶路：高遵裕、狄詠。

涇原路：劉昌祚、姚麟。

南路軍（熙河秦鳳路）：李憲、苗授。

宋朝趁西夏政變，預備以西夏發生內亂、國主被幽為藉口，對西夏發動戰爭。一場腥風血雨的大規模戰爭，即將到來。

# 第二節　靈州之役

## 一、戰爭的經過

元豐四年八月，宋夏戰爭爆發，八月丙辰，种諤「先帥兵駐綏德城外，遣諸將招納，賊盛兵禦我，力戰敗之。」〔註47〕种諤招降納叛，為日後的大舉進兵做準備，並打敗了西夏阻止叛逃的軍隊。隨後鄜延經略使沈括奏言：「曲珍八月丙辰，於西界接應西界首領訛麥等十餘人，並家屬數百口，牛羊

〔註44〕《長編》卷315，元豐四年八月乙卯，第7615頁。
〔註45〕《宋史》卷349〈姚兕傳附姚麟傳〉，第11058頁。
〔註46〕《宋史》卷349〈姚兕傳附姚麟傳〉，第11059頁。
〔註47〕《長編》卷315，元豐四年八月丙辰，第7617頁。

駄馬近八千，以赴安定堡外。有投來首領，見於西界招呼元結人戶來降。」〔註48〕可見招降納叛已有初步成果。鄜延沈括又奏：「曲珍言西賊攔截糧草，殺獲首級。」〔註49〕西夏為了阻止宋軍集結，也開始發動攻擊，宋夏間的戰鬥已在鄜延路展開。

此時神宗更改了宋軍指揮序列，八月丁丑，神宗批示：

> 近差措置麟府路軍馬王中正兼管鄜延、環慶、涇原軍馬，止謂未出界已前，與逐路帥臣、將官議定進兵月日及軍行所向。其出界後，王中正止令遵秉宣命，節制鄜延一路諸將兵，其環慶、涇原，朝廷自專委高遵裕節制，中正更不當干預。慮中正未審宣命，出界之後，猶欲節制涇原、環慶之師，致分畫責任，臨時攙搶，令王中正細詳宣命施行，毋得侵越。俟先下興、靈，方依畫一總六路軍馬節制。〔註50〕

此時環慶路高遵裕、涇原路劉昌祚兩路大軍便不再受王中正節制了。

同時，熙河路李憲「總領七軍至西市新城，遇賊約二萬餘騎，官軍掩擊敗之，擒首領三人，殺獲首領二十餘人，斬首二千餘級，奪馬五百餘匹。」〔註51〕李憲主動出擊，已有斬獲，宋神宗下詔：「熙河路李憲等八月辛未與董氈人馬期會攻討夏賊，緣鄜延路師期尚在九月下旬之初，今李憲等如兵馬出界遇賊，已見克捷，即進兵深討。若賊兵阻遏，未可長驅，即擇控要便，於饋運之所，權立營寨，以伺諸路師期，首尾相應。」〔註52〕由於其他各路尚未正式出擊，神宗要李憲可以深入進攻則進，若遇阻礙則可暫時停止前進，等待與他路同時進兵。李憲遂駐兵於女遮谷，〔註53〕等待時機。

此時，北路統帥王中正與种諤商定作戰計劃，向神宗報告：「涇原、環慶會兵取靈州渡，討定興州。麟府、鄜延先會夏州，候兵合齊，進取懷州渡，討定興州。乞下涇原、環慶遵守。」〔註54〕神宗同意了這個計劃。

九月乙酉，李憲進一步攻佔蘭州。〔註55〕神宗得知後，要求王中正、高遵

---

〔註48〕《長編》卷315，元豐四年八月乙丑，第7624頁。
〔註49〕《長編》卷315，元豐四年八月丁丑，第7631頁。
〔註50〕《長編》卷315，元豐四年八月丁丑，第7631～7632頁。
〔註51〕《長編》卷315，元豐四年八月丁丑，第7632頁。
〔註52〕《長編》卷315，元豐四年八月庚辰，第7633頁。
〔註53〕《長編》卷315，元豐四年八月庚辰，第7634頁。
〔註54〕《長編》卷315，元豐四年八月庚辰，第7634頁。
〔註55〕《長編》卷316，元豐四年九月乙酉，第7638頁。

裕「如行軍事已就緒，即相度乘機進討，不須拘以原定日期。」〔註56〕要求王中正、高遵裕等不必拘泥於「九月下旬之初」正式出兵的時間，可以提前出兵。

九月丙午，宋軍北路軍開始主動出擊。《長編》記載：

> 王中正發麟州，禡祭祝辭云：「臣中正代皇帝親征。」兵六萬人，民
> 夫亦六萬餘人，行數里至白草平，即奏已入夏界，留屯九日不進，
> 遣士卒往來就芻糧於麟州。高遵裕發慶州，蕃漢步騎凡八萬七千人，
> 民夫九萬五千人。种諤以鄜延兵五萬四千，畿內七將兵三萬九千，
> 分為七軍，方陣而進，自綏德城出塞。〔註57〕

此段文字中未記涇原路的出兵數字。又據《宋史・夏國傳下》記載：

> （李）憲總七軍及董氈兵三萬，至新市城，遇夏人，戰敗之。王中
> 正出麟州，禡辭自言代皇帝親征，提兵六萬，才行數里，即奏已入
> 夏境，屯白草平九日不進。環慶經略使高遵裕將步騎八萬七千、涇
> 原總管劉昌祚將卒五萬出慶州，（种）諤將鄜延及畿內兵九萬三千出
> 綏德城。〔註58〕

按五路宋軍的總兵力，熙河路李憲除羌人董氈出兵三萬人外，另有「七軍」，實際人數不詳，河東路王中正出兵六萬人，環慶路高遵裕出兵八萬七千人，涇原路劉昌祚出兵五萬人，鄜延路种諤出兵九萬三千人，總計三十二萬人（尚不計李憲的「七軍」），這種動員規模，不只在宋朝歷史上是空前的，在當時世界範圍內也十分罕見。

面對宋朝的強大攻勢，西夏方面採取了堅壁清野的戰略，《宋史・夏國傳下》記載：

> 初，夏人聞宋大舉，梁太后問策于廷，諸將少者盡請戰，一老將獨
> 曰：「不須拒之，但堅壁清野，縱其深入，聚勁兵于靈、夏，而遣輕
> 騎抄絕其饋運，大兵無食，可不戰而困也。」梁后從之，宋師卒無
> 功。〔註59〕

西夏的戰略，簡單來說就是堅壁清野，抄截餉道。

九月丁未，种諤「攻圍米脂寨」。〔註60〕《宋史・种諤傳》記載：

---

〔註56〕《長編》卷316，元豐四年九月丁亥，第7638～7639頁。
〔註57〕《長編》卷316，元豐四年九月丙午，第7650～7651頁。
〔註58〕《宋史》卷486〈夏國傳下〉，第14010頁。
〔註59〕《宋史》卷486〈夏國傳下〉，第14011頁。
〔註60〕《長編》卷316，元豐四年九月丁未，第7651頁。

敵屯兵夏州，諤率本路並畿內七將兵攻米脂，三日未下。夏兵八萬
來援，諤禦之無定川，伏兵發，斷其首尾，大破之，降守將令介訛
遇。捷書聞，帝大喜，羣臣稱賀，遣中使諭獎，而罷中正。諤留千
人守米脂，進次銀、石、夏州，不見敵。〔註61〕

种諤大軍圍攻米脂寨，在殲滅西夏援軍八萬人後，米脂守將令介訛遇投降，這
是种諤初期的勝利。种諤大軍取得初期勝利的原因，便是綏州（綏德城）在宋
朝手中，使种諤可以無後顧之憂，將主力投入西夏。但西夏軍隨即避免與种諤
大軍進行決戰，故种諤軍「不見敵」，無法殲滅西夏主力，反而孤軍深入，軍
需糧草逐漸消耗殆盡。同時，神宗又遣使諭知种諤：「昨以卿急於滅賊，恐或
妄進，為一方憂，故俾聽王中正節制。今乃能首挫賊鋒，功先諸路，朕甚嘉之。
中正節制指揮，更不施行。」〔註62〕讓种諤鄜延路大軍脫離了王中正的指揮。

十月壬戌，神宗下詔：「李憲已總兵東行，涇原總管劉昌祚、副總管姚麟
見統兵出界，如前路相去不遠，即與李憲兵會合，結為一大陣，聽李憲節制。」
〔註63〕計劃將原受環慶路高遵裕節制的劉昌祚涇原路大軍，日後將改歸熙河
路李憲節制。

十月癸亥，「种諤至石州，賊棄積年文案、簿書、枷械，舉眾遁走，移軍
據之。」〔註64〕西夏軍「舉眾遁走」，可見是執行梁太后堅壁清野的政策。十
一月，「戊辰，（西夏）知夏州索九思遁去，种諤入夏州。」〔註65〕己巳，「种
諤入銀州」，〔註66〕似乎也未遇重大抵抗。梁太后不讓西夏大軍主力與宋軍決
戰，讓种諤大軍「不見敵」。

在涇原、環慶兩路方面，《長編》記載：

先是，詔涇原兵聽高遵裕節制，仍令環慶與涇原合兵擇便路進討。
夏人之諜者以謂環慶阻橫山，必從涇原取胡盧河大川出塞，故悉河
南之力以支涇原。既而環慶兵不至，劉昌祚與姚麟率本路蕃漢兵五
萬獨出，離賊界堪歌平十五里，遇賊三萬餘眾扼磨臍隘口，不得進，
諸將欲舍而東出葦州與環慶合，昌祚曰：「遇賊不擊，枉道自全，是

〔註61〕《宋史》卷335〈种世衡附种諤傳〉，第10746～10747頁。
〔註62〕《長編》卷317，元豐四年十月戊午，第7659～7660頁。
〔註63〕《長編》卷317，元豐四年十月壬戌，第7667頁。
〔註64〕《長編》卷317，元豐四年十月癸亥，第7669頁。
〔註65〕《長編》卷318，元豐四年十一月戊辰，第7682頁。
〔註66〕《長編》卷318，元豐四年十一月己巳，第7683頁。

謂無次。且客利速戰，古今所聞，公等此去，自度能免乎？」乃謀分軍度胡盧河奪隘，牌手當前，神臂弓次之，弩又次之，選鋒馬在後。諭眾以立功者三倍熙河之賞，眾驩甚，響震山谷。昌祚既挾兩牌先登，弓弩繼前，與賊統軍國母弟梁大王戰，自午至申，賊小卻，我軍乘之，賊遂大敗，追奔二十里。斬獲大首領沒囉臥沙、監軍使梁格嵬等十五級，小首領二百一十九級，擒首領統軍姪吃多理等二十二人，斬二千四百六十級，獲偽銅印一，自是我軍通行無所礙。轉運副使葉康直、判官張大寧皆隨軍，謂昌祚曰：「觀公臨危持論，詞氣不憤，可以立朝為天子爭臣，非特善於將兵也」。〔註67〕

當時神宗「詔涇原兵聽高遵裕節制，仍令環慶與涇原合兵擇便路進討。」但環慶兵因阻於橫山行進較慢，故涇原兵獨自前進，在胡盧河磨臍隘遇到西夏國相梁乙埋（國母弟梁大王）的三萬大軍，劉昌祚認為兵貴神速，「客利速戰」，因此未遵循神宗「環慶與涇原合兵」的命令，獨自度河與西夏軍決戰，大破西夏軍，打通了通往靈州的道路。

十一月癸酉，「王中正至宥州，城中居民五百餘家，遂屠之。斬首百餘級，降者十數人。獲馬牛百六十，羊千九百，軍於城東二日，殺所得馬牛羊以充食。」同時「高遵裕至韋州，及監軍司，令將士勿毀官寺民居，以示招懷。」〔註68〕似乎都未遇到重大抵抗。

十一月中，劉昌祚與高遵裕先後攻至靈州城下，劉昌祚部先至靈州，「城未及闔，先鋒奪門幾入，遵裕馳遣使止之，昌祚曰：『城不足下，脫（按：疑為「勝」字之誤），朝廷謂我爭功，奈何？』命按甲勿攻。」〔註69〕意即高遵裕因恐劉昌祚先攻下靈州城，搶了功勞，因此阻止劉昌祚的進攻。然而，出身軍旅世家、軍事經驗豐富的劉昌祚會為了避免爭功的嫌疑，放棄攻佔靈州的大好時機？或者只是劉昌祚在戰敗後的推託之詞？劉昌祚受高遵裕指示暫停進攻的說法，出於張舜民所撰之劉昌祚墓誌銘，〔註70〕作者立場偏袒傳主劉昌祚，真實性值得商榷。靈州為西夏重鎮，劉昌祚長途跋涉而來，西夏人以逸待勞，劉昌祚未必能一舉攻下靈州城。

高遵裕環慶路大軍接著也來到靈州城下，劉昌祚、高遵裕合軍攻打靈州城：

〔註67〕《長編》卷317，元豐四年十月乙丑，第7677～7678頁。
〔註68〕《長編》卷318，元豐四年十一月癸酉，第7686頁。
〔註69〕《宋史》卷349〈劉昌祚傳〉，第11054頁。
〔註70〕《長編》卷318，元豐四年十月壬午，第7697頁。

> 高遵裕攻圍靈州，十有八日不能下，糧道且絕。賊決七級渠以灌我
> 師，水至，遵裕斷砲為梁以濟，劉昌祚殿，手劍坐水上，待師畢濟
> 然後行。賊騎追襲，轉戰累日，至葦州，士爭入寨，無復隊伍，賊
> 乘之，我師潰死者甚眾。……遂班師。〔註71〕

劉昌祚、高遵裕大軍圍攻靈州十八日而不能下，可見西夏防守之嚴。而西夏決開黃河七級渠，水淹宋軍，又派兵斷絕宋軍的補給路線，導致高遵裕、劉昌祚兩路大軍慘敗而歸。

關於王中正的麟府路大軍，「出塞二十餘日，始至宥州，糧不得不乏。」〔註72〕面臨了嚴重的缺糧問題，最後大軍慘敗而回，「士卒死亡者近二萬，民夫逃歸大半，死者近三千人，隨軍入寨者萬一千餘人。」〔註73〕

种諤的鄜延路大軍，「种諤駐兵麻家平以俟摺運，逾期不至，士卒益飢困，行八日次鹽州，會大雪，死者十二三，左班殿直劉歸仁率眾南奔，相繼而潰入塞者三萬人。」〔註74〕种諤的鄜延大軍因此潰散。

宋朝此次五路伐夏，先勝後敗。初期雖有李憲蘭州之勝、种諤米脂寨之勝、劉昌祚磨臍隘之勝，然而到了後期，五路大軍之中，高遵裕、劉昌祚在靈州城遭到西夏決河水攻而大敗，种諤、王中正因糧盡食絕而敗，只有李憲一路，佔領蘭州，保住了宋朝此役最重要的戰果。

## 二、戰爭的檢討

元豐四年宋夏靈州之戰，為何會以宋軍大敗收場？宋軍的五路統帥，高遵裕雖為高太后之叔父，但其祖父為名將高瓊；种諤之父為仁宗宋夏戰爭時期守青澗城的种世衡，〔註75〕种諤本人「善馭士卒，臨敵出奇，戰必勝」〔註76〕；劉昌祚之父為仁宗宋夏戰爭時戰歿於定川的劉賀，〔註77〕劉昌祚本人也被宋人稱為「氣質雄深」〔註78〕、「綏懷羌右，有長轡遠馭之謀；鎮靖疆陲，

---

〔註71〕《長編》卷320，元豐四年十一月辛丑，第7720頁。
〔註72〕《長編》卷319，元豐四年十一月甲申，第7701頁。
〔註73〕《長編》卷319，元豐四年十一月丙戌，第7704頁。
〔註74〕《長編》卷319，元豐四年十一月丁酉，第7715頁。
〔註75〕《宋史》卷335〈种世衡傳〉，第10741～10744頁。
〔註76〕《宋史》卷335〈种世衡附种諤〉，第10747頁。
〔註77〕《宋史》卷349〈劉昌祚傳〉，第11053頁。
〔註78〕黃震：《古今紀要》（文淵閣四庫全書本第384冊，臺北：台灣商務印書館，1986年）卷19〈劉昌祚〉，第375頁。

得輕裘緩帶之體」〔註79〕、「整於治軍，才出邊將之右；勇於對敵，聲著隴山之西」〔註80〕，以上三人皆出身軍旅世家，軍事經驗豐富。至於李憲、王中正雖為宦官，但李憲一路卻是五路中戰功最佳者，我們很難以宦官誤國之類的說法來解釋。

元豐四年靈州之役，宋朝動員了當時世界規模最大的軍隊討伐西夏，結果卻遭遇慘敗，原因何在？西夏採取堅壁清野，抄截餉道的戰略，取得非常大的功效，固然是重要的原因，除了西夏方面戰略正確、戰術靈活之外，宋軍大敗最大的原因在於宋朝軍隊本身的補給困難。學者梁庚堯指出：出征西夏的五路大軍，其中三路沒有抵達預定目標，在中途因為軍糧不繼而折返，不戰而潰，另外兩路雖然抵達靈州，卻糧草已盡，糧道又被夏軍截斷，最後戰爭失利，潰敗而歸，五路的士卒役夫在征程中都大量死亡逃散。〔註81〕然而造成補給困難的因素為何？梁先生文中卻未多作分析。實際上，元豐四年宋夏戰爭宋朝失敗的原因，除了宋軍補給困難的因素外，還包括神宗朝令夕改、領導體系紊亂等因素。現分析宋軍失敗的原因如下：

### （一）宋朝軍隊人數龐大

元豐四年宋夏戰爭宋朝動員的兵力，至少為三十二萬人以上，這種動員規模，不只在宋朝歷史上是空前的，在當時世界範圍內也十分罕見。1071 年，即元豐四年宋夏戰爭之前十年，西亞的拜占庭帝國與賽爾柱土耳其帝國之間的曼齊刻爾特戰役（Battle of Manzikert），賽爾柱土耳其帝國動員二至三萬人，拜占庭帝國動員四到七萬人，結果拜占庭大敗，陣亡約二千至八千人，皇帝羅曼諾斯四世（Romanos IV）被俘。這場戰爭震撼歐洲，但與元豐四年宋夏戰爭相比，賽爾柱與拜占庭雙方動員兵力的總和，不過僅是宋朝動員兵力的三分之一。

再與四十年前宋仁宗時期的宋夏戰爭比較，更可凸顯元豐四年宋朝軍隊動員規模之大，本書第二章第二節提到，仁宗康定元年（1040）宋夏之間發生

〔註79〕蘇頌：《蘇魏公文集》（文淵閣四庫全書本第 1092 冊，臺北：台灣商務印書館，1986 年）卷 24〈賜新除殿前副指揮使武康軍節度使劉昌祚上第一表辭免恩命不允批答〉，第 306 頁。

〔註80〕蘇轍：《欒城集》（文淵閣四庫全書本第 1112 冊，臺北：台灣商務印書館，1986 年）卷 33〈除劉昌祚武康軍節度使殿前副指揮使制〉，第 349 頁。

〔註81〕梁庚堯：〈北宋元豐伐夏戰爭的軍糧問題〉，《宋史研究集》第 26 輯（臺北：宋史座談會，1997 年），第 158 頁。

「三川口」之役，宋朝方面，劉平、石元孫、黃德和、万俟政、郭遵五路，總計不過「合步騎萬餘」，這就是三川口之戰宋朝動員的軍力。慶曆元年（1041）宋夏又爆發「好水川之戰」，此役任福主力有一萬八千人，軍隊死傷數字：「指揮使、忠佐死者十五人，軍員二百七十一人，士卒六千七百餘人。」〔註82〕宋仁宗時期動員的兵力如此有限的原因在於：宋神宗變法之前的宋朝禁軍，若派駐在外，分為駐泊、屯駐、就糧三類，各路安撫使僅能指揮駐泊禁兵，屯駐、就糧禁兵由各州的知州負責指揮，安撫使無法干預，故仁宗宋夏戰爭，安撫使韓琦、范仲淹等能指揮調度的兵力非常有限，動員上萬人，便是大舉，死傷數千人，便是大敗。宋人吳儆說道：「所謂帥臣（安撫使）者，雖名為一路兵民之寄，其實一大郡守耳。」〔註83〕而宋神宗時期可以動員龐大兵力的原因，在於蔡挺推行「將兵法」，本書第四章第一節提到，「將兵法」將駐泊、屯駐、就糧禁兵乃至鄉兵、蕃兵都納於「將」的新編制之下。孫逢吉《職官分紀》舉陝西涇原路為例：「屯、泊、就糧上下番正兵、弓箭手、番兵分為五將。」〔註84〕馬端臨《文獻通考》亦記載：「凡諸路安撫（使），逐州知州兼，以直秘閣以上充，掌總護諸『將』，統制軍旅。」〔註85〕將兵法的新編制──「將」，打破了原有禁軍的界限，增加了安撫使的權力，使得宋朝可以動員數量更多、規模更大的兵力。

　　然而，隨著宋朝動員兵力的擴大，後勤補給的需求也隨之增加，如果宋朝沒有做好後勤補給的規劃，龐大的軍隊人數不但不能展現戰力，反而成為宋朝軍隊的弱點。

## （二）主動出擊，深入敵境，征戰距離遠

　　宋朝自宋太宗雍熙三年（986）岐溝關之戰後，對外作戰基本上採取守勢。學者李華瑞在《宋夏關係史》中指出，北宋對西夏作戰的特點是以防禦戰為主，原因在於：其一，由於宋朝建國之初，既失長城之險，又失草原之利，不能組建騎兵，加上「強幹弱枝」的政策，使得宋朝軍隊不能像漢、唐一般與遊牧民族一爭長短，只能採取防禦的策略。其二，在防禦思想的影響下，宋朝自真宗時期曹瑋守邊，組織沿邊熟戶、弓箭手，把民眾武裝作為一種防禦手段，仁宗

〔註82〕司馬光：《涑水記聞》卷12，第225頁。
〔註83〕吳儆：《竹洲集》卷2〈論廣西帥臣兼知漕計〉，第218頁。
〔註84〕孫逢吉：《職官分紀》卷35〈將官〉，第663頁。
〔註85〕馬端臨：《文獻通考》卷61〈職官十五・安撫使〉，第1851頁。

時范仲淹主張效法唐朝府兵制,神宗時王安石推行保甲法,都是主張以民兵防禦敵人入侵。第三,在防禦思想的影響下,宋朝常在邊境地區修築堡寨城池,作為抵禦外敵入侵的手段。第四,利用西夏與周圍其他少數民族政權的矛盾,建立聯盟關係,作為防禦的重要手段。〔註86〕

以防禦為主的軍事手段,軍隊的移動多是城池到城池之間的短線移動,對於後勤補給的要求不高。我們再次看看本書第二章提到的宋仁宗時期「三川口之戰」,觀察當時宋朝軍隊調度移動的情況:

> 元昊乃盛兵攻保安軍,……遂乘勝抵延州城下。雍(安撫使范雍)先以檄召鄜延、環慶副都部署劉平于慶州,使至保安,與鄜延副都部署石元孫合軍趨土門。及是,雍復召平、元孫還軍救延州。平得雍初檄,即率騎兵三千發慶州,行四日至保安,與元孫合軍趨土門。……而雍後檄尋到,平、元孫遂引還。〔註87〕

安撫使范雍先命鄜延、環慶副都部署劉平率兵自慶州出發到保安軍與副都部署石元孫會合,再合兵進攻土門。其後范雍得到元昊攻打延州的消息,再下令要求劉平、石元孫回師救延州。而劉平、石元孫就是在返回延州的路上,在三川口與元昊大軍遭遇,而有三川口之敗。從上面的敘述中,我們看到劉平軍隊的移動,從慶州出發,行四日到保安軍,再向土門前進,其後折回延州。慶州、保安軍、土門、延州即為城池或堡寨,宋軍在這些城池堡寨間移動設防,行軍時間不過數日,因此對後勤補給的要求不高。

宋軍即使主動出擊,行軍距離也不遠,本書第二章提到慶曆元年宋夏「好水川之戰」,韓琦派任福率軍,於二月己丑由鎮戎軍出發,至癸巳遇西夏大軍於好水川,結果任福戰死,宋軍大敗,前後不過五日。

再看慶曆二年(1042)宋朝與西夏的定川寨之戰:

> (閏九月庚寅,涇原副都部署葛懷敏)命諸將分四路趨定川寨,劉湛、向進出西水口,趙珣出蓮華堡,曹英、李知和出劉璠堡,懷敏出定西堡。……(辛卯)懷敏入保定川寨,賊毀版橋,斷其歸路,別為二十四道以過軍環圍之,又絕定川水泉上流,以饑渴其眾。……懷敏及曹英、李知和、趙珣、王保、王文、劉賀、李岳、張貴、趙璘、許思純、李良臣、涇原巡檢楊遵、籠竿城巡檢姚爽、都巡檢司

---

〔註86〕 李華瑞:《宋夏關係史》,第 165～167 頁。
〔註87〕 《長編》卷 126,康定元年正月壬申,第 2967 頁。

> 監押董謙、同巡檢唐斌、指使霍達皆遇害。餘軍九千四百余人，馬
> 六百餘匹悉陷於賊。〔註88〕

宋軍同樣是進行城池對城池的移動，分別由西水口、蓮華堡、劉璠堡、定西堡
四處出發，目的地是定川寨，結果遭到西夏軍圍攻，葛懷敏戰死。

　　由上述三個例子可以看出，在宋朝防禦型的戰略思想之下，軍隊的移動距
離短，對後勤補給要求不高。但是，元豐四年宋夏戰爭，是宋朝方面主動出擊，
且深入敵境之中，對宋朝軍隊來說，是前所未有的挑戰。王銍《默記》記載：

> 高遵裕之為將取靈州也，范純粹、胡僧孺為轉運使，既至軍前，大
> 陳軍儀，會將校。二漕同稟：「此行軍糧多少月日？」遵裕撚鬚熟計
> 久之，反覆思索而言曰：「且安排一月。」二漕應諾，對遵裕呼書吏
> 取紙，自書一月軍糧狀，遵裕判押照會訖迺罷。其後靈州城下軍潰
> 乏食，死亡幾半。朝廷罪遵裕，遵裕以乏食自解，置獄華州，二漕
> 使出遵裕所押一月軍令狀自解，故遵裕深責，而二漕止降一官。以
> 此二者觀之，大帥之語默舉措可以見成敗矣。〔註89〕

由於宋朝缺少大規模主動出擊的經驗，將帥無法精確預估軍糧的數字，導致預
估數字太少，軍隊因乏食而大敗。

### （三）武器裝備革新，但糧食與武器的運輸更費時費力

　　本書第四章第二節曾提到，宋仁宗時期的曾公亮、丁度編纂的《武經總
要》，記載了當時宋朝軍隊的各類新武器，包括了「引火毬」、「蒺藜火毬」、「竹
火鷂」、「鐵嘴火鷂」、「霹靂火球」等火器，〔註90〕又提到熙寧六年宋神宗設立
「軍器監」，〔註91〕成立了製造軍器的專責機構。因此，宋朝在武器的製造上，
是十分先進的。然而，這些先進的武器（如火器）要考慮防火防潮等問題，運
送時更為不便，加重了宋軍後勤補給的負擔。

　　從上述三個方面，我們看出元豐四年宋夏戰爭時宋朝軍隊面臨的問題，而
宋朝便在後勤補給無法滿足新編組的軍隊（將兵）、新式戰略（主動出擊）、新
式武器（火器）的情況下，發動了對夏戰爭。戰爭發起後，宋軍很快面臨了後
勤補給上的問題，例如渡河時缺少渡河工具：

---

〔註88〕《長編》卷137，慶曆二年閏九月庚寅～辛卯，第3301～3302頁。
〔註89〕王銍：《默記》（北京：中華書局，1981年）卷上，第11～12頁。
〔註90〕曾公亮、丁度：《武經總要》前集卷12，第427～429頁。
〔註91〕《宋史》卷15〈神宗紀二〉，第284頁。

种諤乞計置濟渡橋栿橡木，令轉運司發步乘運入西界。詔：「凡出兵深入賊境，其濟渡之備，軍中自有過索、渾脫之類，未聞千里運木隨軍。今諤計置材木萬數不少，如何令轉運司應副步乘？縱使可以應副，亦先自困。令种諤如將及河造栿，賊界屋並可毀拆，或斬林木相兼用之，如更不足，以至槍排皆可濟渡。」上坐制兵問利害，細微皆得其要，諸將奉行惟恐不及也。〔註92〕

种諤需要橡木製造橋樑以渡河，但卻被神宗否決，要种諤拆毀敵境房屋、砍伐樹林，甚至用槍排造筏以渡河。种諤麾下的部隊有九萬三千人，需要堅固耐用的橋樑，臨時砍樹拆房甚至使用槍排搭造的橋，可能無法符合實際的需要，但神宗用紙上談兵的辦法，處理前線將領所遇到的後勤問題，而這些作法只能讓將領們哭笑不得。而在後勤物資的運送上，也是弊端叢生：

（元豐四年九月壬子）又批：「聞三司昨雇百姓車戶大車輦絹赴鄜延路，繞入半道，其挽車人已盡逃散，今官物並拋棄野次。逐縣科差保甲，甚擾費人力，未知何人處畫如此乖方，可取索進呈。」三司言：「起發應副鄜延、環慶、涇原三路經略司絹十七萬五千四，市易司起發十五萬五千四，用騾百二十四頭，及管船水運至西京，乃用步乘。應副河東衣賜絹十萬匹，赴澤州紬二萬四，用騾百八十三頭及小車五十輛並橐駝般馱，又三萬匹用步乘。應副延州銀十五萬兩，鹽鈔三萬席，用騾九十八頭；絹十五萬匹為五綱，一綱用橐駝，四綱用小車二百一十輛。應副河東、鄜延、環慶、涇原、熙河、秦鳳路紬絹總百萬匹，用小車為三十綱，並不用官私大車輦載。」詔三司選差勾當公事官一員緣路點檢催趣，其津般乖方處，根究以聞。〔註93〕

神宗向三司詢問雇用大車運送物資，卻發生挽車人逃跑，官物被拋棄的弊端，應由誰負責？三司報告了向河東、鄜延、環慶、涇原、熙河、秦鳳等路運送各種物資的情形，其手段包括步乘（人力）、小車、騾、橐駝、水運等，但是對於神宗的問題，三司卻回答「並不用官私大車輦載」，否認有任何弊端。

　　隨著宋朝軍隊的推進，後勤補給的負擔越來越重，已經到達徵調民力的極限，加上西夏軍隊伏擊騷擾，更使宋軍的後勤補給雪上加霜。鄜延路經略使沈括向神宗奏請：

〔註92〕《長編》卷316，元豐四年九月己亥，第7643頁。
〔註93〕《長編》卷316，元豐四年九月壬子，第7653～7654頁。

> 本路運糧，延州諸縣丁夫發盡，已差及婦女，雖累戒官吏毋得括責
> 婦女，而運糧須辦，則勢不得不極民力，恐無以為繼。聞出界後死
> 亡逃散人夫頭口不可勝計，至全軍潰散，委棄糧仗，不免資寇。今
> 邊糧已費力，又益河東兵，愈闕糧食，以臣愚見，河東、鄜延行營
> 恐須分遣將兵，搜討伏留賊兵，候道通，節次量留人馬，依峻置頓
> 屯守，南北照望糧道。〔註94〕

河東太原府路鈐轄張世矩也請求神宗暫緩進兵：

> 臣領兵西討，所逢皆精騎，其老小深遁沙漠。由此觀之，其建言破
> 賊，使朝廷于數路動百萬眾，當大冬隆寒之際遠征未利者，斯人之
> 罪也。伏乞撫養士馬，待來春青草未發，牧馬正羸，妨彼農時，乘
> 彼虛弱，進兵攻取，則不及三二年，必當傳首北闕。如其謂期月可
> 破，則非臣之所及也。〔註95〕

結果這番話觸怒了神宗，認為張世矩「沮撓大議」，命令王中正將張世矩逮捕
下獄。

　　宋朝方面極盡民力進行運糧，導致丁夫死亡逃散不可數計，又遭到西夏抄
截，使得補給路線不通，前線軍隊的處境更為惡化。河東路王中正認為出兵後
即與鄜延路會師，故全軍只攜半月糧，屬下官吏莊公岳等恐糧草不足，多準備
了八日糧，結果王中正出師二十餘日，始至宥州，因此面臨缺糧的問題。〔註
96〕面對王中正河東路大軍軍糧不濟的問題，神宗只好下詔：「王中正兵自麟州
出界，已至鄜延路，聞暴露日久，人多疾病，今雖駐並邊，亦慮無以休息，可
令計會沈括，分擘於延州、保安軍諸城寨歇泊。」允許河東路大軍撤回到鄜延
路延州、保安軍等地。於是「（王）中正引軍還延州，計士卒死亡者近二萬，
民夫逃歸大半，死者近三千人。」〔註97〕

　　在鄜延路，种諤也面臨乏糧的問題：

> 种諤初被詔當以兵會靈州，而諤枉道不進，既發夏州，即饋餉乏絕。
> 諤駐兵麻家平，士卒饑困，皆無人色。諤欲歸罪漕臣，誅穆（權鄜
> 延路轉運使李穆）以自解，或私告穆，穆請身督漕運，乃免。民夫
> 苦折運，多散走，穆不能禁，使士卒斬其足筋，宛轉山谷間，數日

〔註94〕《長編》卷319，元豐四年十一月己丑，第7709～7710頁。
〔註95〕《長編》卷319，元豐四年十一月己亥，第7716～7717頁。
〔註96〕《長編》卷319，元豐四年十一月甲申，第7701頁。
〔註97〕《長編》卷319，元豐四年十一月丙戌，第7705頁。

乃死，至數千人。稄初被詔得斬知州以下乏軍興者，上下以嚴令相

驅迫，選人、攝官、部夫，上道即專戮，惟百姓多被殺云。〔註98〕

种諤的鄜延大軍面臨「饋餉乏絕，士卒饑困」的問題，使得种諤一度要誅殺負責運糧的轉運使李稄。而李稄為了滿足運糧的需求，將逃亡的民夫斬斷腳筋丟棄在山谷中，使其餓死。李稄又奉詔得以斬殺知州以下運糧不力的官吏，於是基層官吏為了自求生存，紛紛逼迫甚至殺害百姓。最後，「种諤駐兵麻家平以俟摺運，逾期不至，士卒益饑困，行八日次鹽州，會大雪，死者十二三。」〔註99〕种諤鄜延大軍大敗而回。

圍攻靈州城的涇原、環慶兩路宋軍，「城久不下，糧草告乏，（劉）昌祚偵巾子峐、鳴沙川有積聚，白（高）遵裕，願遣騎往取之。凡往復兩日，得草一萬餘束，粟、豆千三百斛，使自輸官取直，涇原兵仰給有餘，則轉給環慶。」〔註100〕靠著從西夏掠奪而來的糧草，勉強維持涇原、環慶宋軍的生計。至於攻城方面，高遵裕「以環慶兵攻靈州城，時軍中皆無攻具，亦無知其法者，遵裕旋令采木為之，皆細小樸拙不可用。」〔註101〕宋代軍隊攻城時，主要用「炮」（投石機）作為主要的武器，《武經總要》中記載的「炮」，種類眾多，包括「炮車」、「單稍炮」、「雙稍炮」、「五稍炮」、「七稍炮」、「旋風炮」、「虎蹲炮」、「拄腹炮」、「獨腳旋風炮」、「旋風車炮」、「臥車炮」、「車行炮」、「旋風五炮」、「合炮」、「火炮」等多種，〔註102〕此外還有觀察敵方城中情形的「望樓」，〔註103〕都是攻城時必備的裝備。由於宋朝軍器製造越來越複雜進步，使得軍器製造成為專門的知識，「知其法者」有限。在運路不通無法運來先進的攻城器具，土法煉鋼自製攻具又不可用的情況下，涇原、環慶圍攻靈州城久攻不下，西夏趁機決黃河七級渠以灌宋軍，導致涇原、環慶兩路宋軍的潰敗。

熙河路李憲大軍，由權管勾熙河、秦鳳路轉運司公事趙濟負責軍糧轉運，趙濟向神宗報告：

勘會都大經制司要一月人糧馬食，臣已牒本司，將先差下急夫津般

人馬食三萬，乾糧一百五十萬斤，自通遠裝發，赴西寧寨會合，據

〔註98〕《長編》卷319，元豐四年十一月甲申，第7702頁。

〔註99〕《長編》卷319，元豐四年十一月丁酉，第7715頁。

〔註100〕《長編》卷319，元豐四年十一月乙酉，第7704頁。

〔註101〕《長編》卷319，元豐四年十一月戊子，第7707頁。

〔註102〕曾公亮、丁度：《武經總要》前集卷12，第414～423頁。

〔註103〕曾公亮、丁度：《武經總要》前集卷13，第446頁。

即今人馬，可作一月之備。目今見存準備五十日支用，深入討定，
委不闕誤。〔註104〕

趙濟的準備較為充足，使得熙河路大軍較無缺糧的問題。但熙河路民夫負擔亦
重，「時陝右數調役，曠日持久，眾且潰，（趙）濟度無以制，使民自潰則後不
可復役，乃悉縱遣，輜馬負糧，軍迄還不饑。」〔註105〕趙濟在民夫潰散逃亡
之前先將民夫遣散，避免了鄜延路民夫逃亡甚至被殺的慘劇，而熙河路大軍也
未因此而缺少軍糧，可算是十分幸運的。

　　由上可見，元豐四年靈州之戰宋軍大敗的原因，在於宋朝動員了過多的軍
隊，動員軍隊的數量遠遠超過了後勤補給體系所能負荷的程度，導致前線軍隊
無法得到足夠的軍糧與攻城器具，結果攻城不利，士兵乏食；加上西夏決黃河
七級渠水淹宋軍，達到奇襲的效果，又遣兵斷絕宋軍的糧道，加深了宋軍糧運
不繼的問題，導致宋朝大軍的挫敗。

### （四）神宗朝令夕改，指揮體系紊亂

　　元豐四年宋夏戰爭，神宗以熙河路李憲、鄜延路种諤、環慶路高遵裕、涇
原路劉昌祚、河東麟府路王中正五路伐夏。不過，五路大軍如何統一指揮，神
宗則朝令夕改，元豐四年八月己未，中書、樞密院言：「王中正已措置麟府路，
兼照管鄜延、環慶、涇原三路，欲令總兵官與中正議定，方得進兵。」神宗下
詔兵馬出界後，並聽王中正節制。〔註106〕八月乙丑，神宗又批示：「已指揮秦
鳳一路兵付李憲節制。」〔註107〕形成北方四路（河東麟府、鄜延、環慶、涇
原）由王中正節制，南方熙河、秦鳳合為一路由李憲節制的局面。

　　十二日後，八月丁丑，神宗又批示：「王中正止令遵秉宣命，節制鄜延一
路諸將兵，其環慶、涇原，朝廷自專委高遵裕節制，中正更不當干預。」〔註
108〕環慶、涇原兩路便不再受王中正節制了。

　　十月戊午，因鄜延路种諤在米脂城大破西夏軍，神宗又遣中使諭种諤：「昨
以卿急於滅賊，恐或妄進，為一方憂，故俾聽王中正節制。今乃能首挫賊鋒，
功先諸路，朕甚嘉之。中正節制指揮，更不施行。」〔註109〕鄜延种諤此時亦

---

〔註104〕　《長編》卷319，元豐四年十一月庚寅，第7711頁。
〔註105〕　《長編》卷319，元豐四年十一月庚寅，第7711頁。
〔註106〕　《長編》卷315，元豐四年八月己未，第7618頁。
〔註107〕　《長編》卷315，元豐四年八月乙丑，第7624頁。
〔註108〕　《長編》卷315，元豐四年八月丁丑，第7631～7632頁。
〔註109〕　《長編》卷317，元豐四年十月戊午，第7659～7660頁。

不再歸王中正節制。

十月壬戌，神宗又下詔：「李憲已總兵東行，涇原總管劉昌祚、副總管姚麟見統兵出界，如前路相去不遠，即與李憲兵會合，結為一大陣，聽李憲節制。」〔註110〕將原來受環慶路高遵裕節制的涇原路劉昌祚部，劃歸熙河路李憲節制。實際上涇原劉昌祚於十月壬午已兵臨靈州城（今寧夏銀川市靈武市）下，〔註111〕熙河路李憲於九月乙酉攻佔蘭州，〔註112〕十一月己丑進兵至天都山（今寧夏中衛市海原縣），〔註113〕與劉昌祚部尚有一段距離，「結為一大陣」實屬不可能。

十月丙子，神宗又批：「鄜延路行營經略司軍馬，已降宣不隸麟府路措置軍馬司節制，今兩路兵相去不遠，令王中正、种諤如行營相近，即應緣進討事和同商量，擇利而往。」〔註114〕這道命令更令人無所適從，「如行營不相近」怎麼辦？「和同商量」是誰節制誰？神宗在兩個月內不斷下達指令，讓五路大軍的指揮體系分分合合，最後是五路各自為戰，只有涇原劉昌祚、環慶高遵裕兩路進抵靈州城下。

神宗對軍事指揮體系朝令夕改的結果，導致河東路王中正認為「鄜延受我節制，前與鄜延軍遇，彼糧皆我有也，乃書片紙云：止可備半月糧。」王中正認為出兵後即與鄜延路會師，故全軍只攜半月糧，屬下官吏莊公岳等恐糧草不足，多準備了八日糧。結果种諤「既得詔不受中正節制，委中正去，鄜延（糧）不可復得」，王中正的大軍「出塞二十餘日，始至宥州，糧不得不乏。」〔註115〕面臨了嚴重的缺糧問題，最後大軍慘敗而回。

## 第三節　永樂之戰

### 一、徐禧與种諤的築城之爭

元豐四年靈州之役失敗後，种諤計畫轉攻為守，據險修築城堡，與西夏長期抗戰，《宋史‧种諤傳》記載：

〔註110〕《長編》卷317，元豐四年十月壬戌，第7667頁。
〔註111〕《長編》卷318，元豐四年十月壬午，第7697頁。
〔註112〕《長編》卷316，元豐四年九月乙酉，第7638頁。
〔註113〕《長編》卷319，元豐四年十一月己丑，第7709頁。
〔註114〕《長編》卷318，元豐四年十月丙子，第7692頁。
〔註115〕《長編》卷319，元豐四年十一月甲申，第7701頁。

（种）諤謀據橫山之志未已，遣子朴上其策。帝召朴問狀，擢為閤
門祗候。將進城橫山，命徐禧、李舜舉使鄜延計議。諤言：「橫山延
袤千里，多馬宜稼，人物勁悍善戰，且有鹽鐵之利，夏人恃以為生；
其城壘皆控險，足以守禦。今之興功，當自銀州始。其次遷宥州，
又其次修夏州，三郡鼎峙，則橫山之地已囊括其中。又其次修鹽州，
則橫山彊兵戰馬、山澤之利，盡歸中國。其勢居高，俯視興、靈，
可以直覆巢穴」。〔註116〕

种諤「謀據橫山之志未已」，希望由綏州向前部署，在橫山地區修築城堡，與
西夏長期抗戰，於是派遣其子种朴向神宗呈上其方策。神宗並親自召見种朴詢
問細節，並將种朴擢為閤門祗候。种諤希望以銀州、宥州、夏州「三郡鼎峙」，
形成互相支援的三角防線。《東都事略》也指出，种諤認為「賊巢雖未覆滅，
若據有橫山，則興、靈將無所恃以為食，河南之地可不戰自屈。」〔註117〕於
是，神宗派遣給事中徐禧、內侍省押班李舜舉往鄜延路議邊事。〔註118〕與种
諤進一步商定細節。

　　元豐五年（1082），鄜延路經略安撫使沈括主張在古烏延城築城，「以包
橫山，使夏人不得絕沙漠」，而給事中徐禧則主張「于銀、夏、宥之界築永樂
城」。〔註119〕徐禧說道：「銀州故城形勢不便，當遷築於永樂之上，蓋銀州雖
據明堂川、無定河之會，而城東南已為河水所吞，其西北又阻天塹，實不如
永樂之形勢。」〔註120〕鄜延經略安撫使沈括認同徐禧的建議，「請城永樂」。
〔註121〕但是种諤認為永樂山上無水泉，「極言不可」〔註122〕，認為絕不可在
永樂修築城堡。

　　當時徐禧與种諤爭論不休，《長編》記載：

（种）諤還自京師，極言城永樂非計。（徐）禧怒，變色謂諤曰：「君
獨不畏死乎？敢毀成事！」諤曰：「城之必敗，敗則死；拒節制亦死。
死於此，猶愈於喪國師而淪異域也。」禧度不可屈，奏諤跋扈異議，

〔註116〕《宋史》卷335〈种世衡附种諤傳〉，第10747頁。
〔註117〕王稱：《東都事略》卷61〈种世衡傳附种諤傳〉，第498頁。
〔註118〕《長編》卷326，元豐五年五月丙午，第7859頁。
〔註119〕《宋史》卷486〈夏國傳下〉，第14011頁。
〔註120〕《長編》卷328，元豐五年七月戊子，第7895頁。
〔註121〕王稱：《東都事略》卷86〈沈括傳〉，第722頁。其後永樂城陷，「神宗以括
　　　　始議，責為均州團練副使、隨州安置。」
〔註122〕《宋史》卷486〈夏國傳下〉，第14011頁。

不可與偕行，有詔留諤守延州，令禧護諸將往城。〔註123〕

在种諤與徐禧的爭論中，神宗最後採納了徐禧的建議，命令徐禧在永樂築城，並且將种諤留在延州。十日後，「龍神衛四廂都指揮使、鳳州團練使种諤降授文州刺史」，〔註124〕种諤進一步被貶降。

按《宋史・徐禧傳》記載：

> 徐禧字德占，洪州分寧人。少有志度，博覽周遊，以求知古今事變、風俗利疚，不事科舉。熙寧初，王安石行新法，禧作治策二十四篇以獻。時呂惠卿領修撰經義局，遂以布衣充檢討。神宗見其所上策，曰：「禧言朝廷用經術變士，十已八九，然竊襲人之語，不求心通者相半，此言是也。宜試於有用之地。」即授鎮安軍節度推官、中書戶房習學公事。歲餘召對，顧問久之，曰：「朕多閱人，未見有如卿者。」擢太子中允、館閣校勘、監察御史裏行。與中丞鄧綰、知諫院范百祿雜治趙世居獄。李士寧者，挾術出入貴人間，嘗見世居母康，以仁宗御製詩贈之。又許世居以寶刀，且曰：「非公不可當此。」世居與其黨皆神之，曰：「士寧，二三百歲人也。」解釋其詩，以為至寶之詳。及鞫世居得之，逮捕士寧，而宰相王安石故與士寧善，百祿劾士寧以妖妄惑世居，致不軌。禧奏：「士寧遺康詩實仁宗製，今獄官以為反，臣不敢同。」百祿言：「士寧有可死之狀，禧故出之以媚大臣。」朝廷以御史雜知、樞密承旨參治，而百祿坐報上不實貶，進禧集賢校理、檢正禮房。
>
> 安石與惠卿交惡，鄧綰言惠卿昔居父喪，嘗貸華亭富人錢五百萬買田事，詔禧參鞫。禧陰右惠卿，綰劾之，會綰貶官，獄亦解。禧出為荊湖北路轉運副使。元豐初，召知諫院。惠卿在鄜延，欲更蕃漢兵戰守條約，諸老將不謂然，帝頗采聽，將推其法於他路，遣禧往經畫。禧是惠卿議，涓帥蔡延慶亦以為不然，帝召延慶還，加禧直龍圖閣，使往代，以母憂不行。服除，召試知制誥兼御史中丞。官制行，罷知制誥，專為中丞。鄧綰守長安，禧疏其過，帝知其以惠卿故，雖改綰青州，亦左遷禧給事中。〔註125〕

〔註123〕《長編》卷329，元豐五年八月壬戌，第7921～7922頁。

〔註124〕《長編》卷329，元豐五年八月辛未，第7923頁。

〔註125〕《宋史》卷334〈徐禧傳〉，第10721～10722頁。

徐禧非科舉出身的文官，而是寫了《治策》二十四篇歌頌新法，因而被重用。
在趙世居、李士寧一案中，因王安石與李士寧相善，遂袒護李士寧。在王安石
與呂惠卿的衝突中，又暗中袒護呂惠卿。因此在王安石罷相後，受到重用。在
鄜延「更蕃漢兵戰守條約」，諸老將不謂然，但神宗卻非常信任徐禧「頗采聽，
將推其法於他路，遣禧往經畫」。安撫使蔡延慶也對徐禧的做法不以為然，結
果蔡延慶被神宗調任召還。可見徐禧本人任官期間並無太多具體政績，善於官
場鑽營，得到重用。對軍事問題也無經驗，但神宗對徐禧卻非常信任。

又據《宋史・沈括傳》記載：

> 括字存中，以父任為沭陽主簿。……擢進士第，編校昭文書籍，為
> 館閣校勘，刪定三司條例。……括考禮沿革，為書曰南郊式。即詔
> 令點檢事務，執新式從事，所省萬計，神宗稱善。遷太子中允、檢
> 正中書刑房、提舉司天監，日官皆市井庸販，法象圖器，大抵漫不
> 知。括始置渾儀、景表、五壺浮漏，招衛朴造新曆，慕天下上太史
> 占書，雜用士人，分方技科為五，後皆施用。加史館檢討。淮南饑，
> 遣括察訪，發常平錢粟，疏溝瀆，治廢田，以救水患。遷集賢校理，
> 察訪兩浙農田水利，遷太常丞、同修起居注。……擢知制誥，兼通
> 進、銀臺司，自中允至是纔三月。為河北西路察訪使。
>
> 時賦近畿戶出馬備邊，民以為病，括言：「北地多馬而人習騎戰，猶
> 中國之工彊弩也。今舍我之長技，強所不能，何以取勝？」又邊人
> 習兵，唯以挽彊定最，而未必能貫革，謂宜以射遠入堅為法。如是
> 者三十一事，詔皆可之。
>
> 遼蕭禧來理河東黃嵬地，留館不肯辭，曰：「必得請而後反。」帝遣
> 括往聘。括詣樞密院閱故牘，得頃歲所議疆地書，指古長城為境，
> 今所爭蓋三十里遠，表論之。……契丹知不可奪，遂舍黃嵬而以天
> 池請。括乃還，在道圖其山川險易迂直，風俗之純龐，人情之向背，
> 為使契丹圖抄上之。拜翰林學士、權三司使。
>
> 嘗白事丞相府，吳充問曰：「自免役令下，民之謗詈者今未衰也，是
> 果於民何如？」括曰：「以為不便者，特士大夫與邑居之人習於復除
> 者爾，無足恤也。獨微戶本無力役，而亦使出錢，則為可念。若悉
> 弛之，使一無所預，則善矣。」充然其說，表行之。蔡確論括首鼠
> 乖剌，陰害司農法，以集賢院學士知宣州。

明年，復龍圖閣待制、知審官院，又出知青州，未行，改延州。至鎮，悉以別賜錢為酒，命廛市良家子馳射角勝，有軼羣之能者，自起酌酒以勞之，邊人驅激，執弓傅矢，唯恐不得進。越歲，得徹箚超乘者千餘，皆補中軍義從，威聲雄他府。以副總管种諤西討拔銀、宥功，加龍圖閣學士。朝廷出宿衛之師來戍，賞賚至再而不及鎮兵。括以為衛兵雖重，而無歲不戰者，鎮兵也。今不均若是，且召亂。乃藏敕書，而矯制賜緡錢數萬，以驛聞。詔報之曰：「此右府頒行之失，非卿察事機，必擾軍政。」自是，事不暇請者，皆得專之。蕃漢將士自皇城使以降，許承制補授。〔註126〕

沈括博學多能，天文、曆法、禮儀，皆十分精通，晚年以《夢溪筆談》一書，被譽為「中國科學史的座標」。對外交、軍事事務時有中肯的意見（與遼使爭論邊界土地問題，反對近畿養馬，強調邊兵練習射箭，獎勵從軍良家子馳射角勝，主張鎮兵衛兵獎賞應平均），知延州後又能與种諤配合，是適當的邊帥人才。但因徐禧聖眷正隆，沈括也不敢反對徐禧的意見，只能同意徐禧築城永樂的作法。

## 二、永樂之敗

元豐五年九月甲申，「永樂城成」，兩日後，「丙戌，詔賜永樂城名曰銀川寨。」又一日，「丁亥，賊三十萬眾攻城，（曲）珍率兵禦之，將官寇偉、李師古、高世才、夏儼、程博古及使臣十餘人，士卒八百餘人戰沒，賊遂圍城。」〔註127〕至戊戌日，《長編》記載：

永樂城依山無水，下濱無定河，為井十四，築壘營之。敵眾驟至，李稷惜軍食，不納役卒，卒以所持穉鋤掘壘為磴道，爭先登，敵乘之，遂奪水寨。城中掘井三，及泉，僅足飲將領，於是士卒渴死者大半，至絞馬糞而飲之。……是夜，大雨，敵兵四面急攻，士卒飢疲，不復能拒。夜半，城遂陷，（徐）禧及（李）舜舉俱死，（李）稷為亂兵所殺，曲珍及王湛、李浦逃歸，士卒得免者什無一二。〔註128〕

神宗支持徐禧的意見，修築永樂城堡，並賜名「銀川寨」。然而永樂城堡剛完成，西夏立刻派遣大軍三十萬來攻，其中包括了「鐵鷂子」（騎兵）等精銳部

---

〔註126〕《宋史》卷331〈沈遘附沈括傳〉，第10653～10656頁。

〔註127〕《長編》卷329，元豐五年九月甲申、丙戌、丁亥，第7926～7927頁。

〔註128〕《長編》卷329，元豐五年九月戊戌，第7936～7937頁。

隊。西夏軍包圍永樂城堡，斷其水源，城內乏水，宋軍軍士渴死者大半，西夏軍終於將永樂城堡攻陷，徐禧戰死。《宋史‧夏國傳二》記載：「是役也，死者將校數百人，士卒役夫二十餘萬，夏人乃耀兵米脂城下而還。」〔註129〕

　　永樂城被西夏攻陷，其中重要的原因便是城中缺水，「士卒渴死者大半」。而种諤在與徐禧爭論時，便已提及永樂山上無水泉，極言其不可。在种諤與徐禧的爭論中，神宗站在徐禧一邊，寧可聽信沒有戰爭經驗的文官徐禧，也不接納作戰經驗豐富的武將种諤的建議，最後導致永樂城破的結果。

　　當永樂城堡被包圍時，「（种）諤觀望不救，帝冀其後效，置不問，且虜賊至，就命知延州」。神宗否定了种諤的觀點導致永樂之役失敗，因此對种諤見死不救的作法，也沒有加以處分，並任命种諤知延州。但种諤不久後，便「疽發背卒，年五十七」。〔註130〕

　　靈州、永樂之役，使得宋神宗平定西夏的理想為之破滅。然而西夏方面也損失慘重，為了結束戰爭，元豐五年十一月，西夏梁太后派西南都統崀名濟向宋朝涇原路投書求和，書中說道：

> 中國者，禮樂之所存，恩信之所出，動止猷為，必適於正。若乃聽誣受間，肆詐窮兵，侵人之土疆，殘人之黎庶，是乖中國之體，為外邦之羞。昨者朝廷暴興甲兵，大窮侵討，蓋天子與邊臣之議，為夏國方守先誓，宜出不虞，五路進兵，一舉可定，故去年有靈州之役，今秋有永樂之戰，然較其勝負，與前日之議，為何如哉！
>
> 朝廷於夏國，非不經營之，五路進討之策，諸邊肆撓之謀，皆嘗用之矣。知徼幸之無成，故終於樂天事小之道。況夏國提封一萬里，帶甲數十萬，南有于闐作我歡隣，北有大燕為我強援，若乘間伺便，角力競鬥，雖十年豈得休哉！即念天民無辜，受此塗炭之苦，國主自見伐之後，夙夜思念，為自祖宗之世，事中國之禮無或虧，貢聘不敢怠，而邊吏幸功，上聰致惑，祖宗之盟既阻，君臣之分不交，存亡之機，發不旋踵，朝廷豈不恤哉！
>
> 至於魯國之憂，不在顓臾，隋室之變，生於楊感。此皆明公得於胸中，不待言而後喻。今天下倒垂之望，正在英才，何不進讜言，闢邪議，使朝廷與夏國歡好如初，生民重見太平，豈獨夏國之幸，乃

<hr />

〔註129〕《宋史》卷486〈夏國傳下〉，第14012頁。
〔註130〕《宋史》卷335〈种世衡附种諤傳〉，第10747頁。

天下之幸也。〔註131〕

西夏雖然在書中期待「與夏國歡好如初，生民重見太平」，然而當時邊界的戰爭並未完全結束，元豐六年（1083）「二月，夏人大舉圍蘭州，已奪西關門，鈐轄王文郁集死士七百，夜縋城而下，持短兵突營，遂拔去。五月，復來，圍九日，大戰，侍禁韋禁死之，乃解去。」〔註132〕閏六月，西夏遣使至宋朝，向神宗請求：

> 夏國累得西蕃木征王子書，稱南朝與夏國交戰歲久，生靈荼毒，欲擬通和，緣夏國先曾請所侵疆土，不從；以此未便輕許。西蕃再遣使散八昌郡、丹星等到國，稱南朝語言計會，但當遣使齎表，自令引赴南朝。切念臣自歷世以來，貢奉朝廷，無所虧怠，至於近歲尤甚歡和，不意憸人誣間，朝廷特起大兵，侵奪疆土城砦，因茲構怨，歲致交兵。今乞朝廷示以大義，特還所侵，倘垂開納，別效忠勤。〔註133〕

西夏方面關心的重點，在於要求宋朝歸還在戰爭中佔領的西夏土地。而神宗答覆：

> 頃以權強，敢行廢辱，朕用震驚，令邊臣往問，匿而不報，王師徂征，蓋討有罪。今遣使造庭，辭禮恭順，仍聞國政悉復故常，益用嘉納。已戒邊吏毋輒出兵，爾亦其守先盟。〔註134〕

神宗又下詔：「陝西、河東經略司，其新復城砦，徼循毋出三二里。夏之歲賜如舊。」〔註135〕減少軍事挑釁，恢復對西夏的歲幣，但對領土問題仍未正面回覆。因此，宋夏之間仍然衝突不斷，元豐七年（1084）正月，西夏大舉進犯蘭州，「傾國而來，彼費已大，泊入漢境，盤泊旬日，卒無所得，大眾傷夷而歸。」〔註136〕三月中旬，西夏「夜入安豐寨境，焚民居殺掠。」〔註137〕四月，西夏進犯延州安塞堡，將官呂真敗之。〔註138〕六月，西夏入侵順德軍，宋巡檢王友戰死。〔註139〕九月「乙丑，夏人圍定西城，熙河將

〔註131〕　《宋史》卷486〈夏國傳下〉，第14012〜14013頁。
〔註132〕　《宋史》卷486〈夏國傳下〉，第14013頁。
〔註133〕　《宋史》卷486〈夏國傳下〉，第14014頁。
〔註134〕　《宋史》卷486〈夏國傳下〉，第14014頁。
〔註135〕　《宋史》卷486〈夏國傳下〉，第14014頁。
〔註136〕　《長編》卷342，元豐七年正月癸丑，第8224頁。
〔註137〕　《長編》卷345，元豐七年四月丙子，第8272頁。
〔註138〕　《長編》卷345，元豐七年四月癸巳，第8280頁。
〔註139〕　《長編》卷346，元豐七年六月丙子，第8308頁。

秦貴敗之。」〔註140〕十月，「西夏犯涇原，民多以火死。……寇靜邊寨，將官彭孫擊卻之。」〔註141〕十一月，「涇原路經略使盧秉言西賊入靜邊寨，隊將借職白玉、蕃部落軍使李貴戰死。」〔註142〕宋夏之間依舊衝突不斷。

　　元豐八年（1085）二月，西夏國相梁乙埋（梁太后之弟）去世，由其子梁乞逋繼為國相。〔註143〕三月戊戌，宋神宗去世，哲宗即位，由神宗之母高太皇太后「權同處分軍國事」。〔註144〕同年十月，西夏梁太后去世，國主秉常「遣使於遼，報其母梁氏哀」。〔註145〕次年，宋哲宗元祐元年（1086）七月，秉常也去世，子乾順即位。秉常之妻梁氏（梁乙埋之女，梁乞逋之妹）為太后（昭簡文穆皇太后）。〔註146〕隨著梁乙埋、宋神宗、梁太后、秉常相繼去世，宋夏雙方的統治階層都換上了新人，宋夏關係也進入了新的時代。

## 本章小結

　　元豐四年靈州之役，宋朝動員了超過三十二萬的大軍，兵分五路對西夏發動攻擊，卻以慘敗收場，唯一的成果是攻佔了蘭州。元豐五年永樂城之役，宋朝又大敗，對宋神宗西北拓邊的雄心壯志，不啻為一大打擊。神宗曾賜李憲詔，說道：

> 夏國自祖宗以來，為西方巨患，歷八十年，朝廷傾天下之力，竭四
> 方財用，以供餽餉，尚日夜惴惴焉，惟恐其盜邊也。若不乘此機隙，
> 朝廷內外並力一意，多方為謀經略，除此禍孽，則祖宗大恥，無日
> 可雪；四方生靈賦役，無日可寬；一時主邊將帥得罪天下後世，無

〔註140〕《宋史》卷16〈神宗紀三〉，第312頁。

〔註141〕《長編》卷349，元豐七年十月壬申，第8367頁。

〔註142〕《長編》卷350，元豐七年十一月丁酉，第8381頁。

〔註143〕關於梁乙埋父子的姓名，史籍有不同記載，梁乙埋或作梁乞埋，梁乞逋或作梁乙逋、梁移逋。雷明亮、彭向前認為梁乞逋應作「梁乞逋」，參見雷明亮、彭向前：〈梁乙埋、梁乞逋父子考〉，《西夏研究》2018年第2期，第44～47頁。本書將史籍的不同寫法一律改作「梁乞逋」。又梁乙埋去世，梁乞逋繼為國相的時間，據《西夏書事》卷27考訂，繫於元豐八年二月，參見吳廣成撰，龔世駿等校證：《西夏書事校證》卷27，第309頁。

〔註144〕《宋史》卷16〈神宗紀三〉，第313頁。

〔註145〕張鑑：《西夏紀事本末》（蘭州：甘肅文化出版社，1998年）卷22〈梁氏擅政〉，第142頁。

〔註146〕《長編》卷382，元祐元年七月乙丑，第9316頁。《宋史》卷486〈夏國傳下〉，第14015頁。

時可除。〔註147〕

言詞之中，表達了對西夏問題的憂慮，並認為靈州、永樂之役的宋軍將帥作戰不力，「得罪天下後世」，要將帥們將功折罪，戴罪立功，「多方為謀經絡」，以解決西夏的禍患。

雖然靈州、永樂兩役，都以宋軍慘敗收場。不過我們可以發現，與仁宗宋夏戰爭不同的是，戰爭的主要戰場是在西夏境內，靈州固然已深入西夏內地，永樂城亦位於「銀、夏、宥之界」，屬於西夏地域，即使永樂城失陷，西夏在米脂城下耀兵而還，仍被宋朝佔領的米脂城原先也是西夏的領土。

在北路方面，宋朝在鄜延一路，由於將綏州納入版圖，使得防衛形勢完固，可以倚橫山之險抗衡西夏，並可進而攻入西夏境內。至於攻入西夏境內後的勝負成敗，則由其他軍事因素決定（如宋軍補給不力，西夏軍戰略戰術得宜等），與綏州的戰略地位無太大關係。元豐七年（1084），宋朝將從西夏手中取得的米脂、義合、浮圖、懷寧、順安、綏平六城砦隸於綏德城（綏州）。〔註148〕這些城寨便是歷經靈州、永樂兩役，由綏州向西經略僅存的成果。

在南路方面，李憲在靈州之役中攻佔蘭州，成為靈州之役重要的戰果。蘭州的戰略地位重要，可溯黃河而上至湟水，進而直抵青唐城（今青海西寧），對西夏的南部造成威脅。因此，西夏對於蘭州非常重視，不斷向宋朝提出交還蘭州的要求，甚至不斷發兵侵擾蘭州。這些問題，都留待神宗之後即位的哲宗與攝政的高太皇太后來解決。

---

〔註147〕《長編》卷349，元豐七年十月癸巳，第8376頁。
〔註148〕《宋史》卷87〈地理志三〉，第2148～2149頁。

# 第六章　宋神宗的用人之道

　　宋神宗熙寧年間王安石執政時期，推行變法改革，積極拓邊西北。其中王安石負責的部分，以財經與教育改革為主，而軍事改革與西北開邊，則大多由宋神宗親自主導。實際上，檢視宋神宗時期軍事決策的過程，我們可以看到治平四年（1067，神宗已即位）種諤「奉密旨」攻取西夏的綏州，熙寧元年（1068）神宗採納了王韶經略河湟的〈平戎策〉，熙寧七年（1074）神宗接受蔡挺的建議推行「將兵法」，元豐四年（1081）採納種諤的建議五路討伐西夏，可見在軍事與拓邊方面，神宗確實是主要的決策與指揮者。

　　元豐四年靈州之役，元豐五年（1082）永樂之役，宋軍連續大敗，我們在檢討宋朝戰敗原因之時，必須分析宋神宗是如何進行軍事決策的。宋神宗要進行軍事決策時，誰可以提供軍事建議，輔佐宋神宗進行軍事決策？宰相王安石忙於推行青苗法、市易法、募役法等新政，且為文官出身沒有軍事方面的經歷，故對宋神宗進行軍事決策方面，助力有限。如此一來，誰可以向宋神宗提供軍事意見？本章將由樞密院長官、邊將與邊臣、宦官等三方面，來看看圍繞在宋神宗周圍、向宋神宗提供軍事意見者，並分析宋神宗對他們的意見是否重視？這些人對宋神宗的軍事決策品質，有著什麼樣的影響？

## 第一節　樞密院的長官

　　宋代樞密院的職掌，據馬端臨《文獻通考》記載：「宋朝樞密院與中書相對持文武二柄，號為二府。」〔註1〕李燾《續資治通鑑長編》亦記載：「（太宗淳化元年十二月，990）左正言、直史館謝泌請自今凡政事送中書，機事送樞密

---

〔註1〕馬端臨：《文獻通考》卷58〈職官考十二‧樞密院〉，第1713頁。

院，財貨送三司，覆奏而後行。辛酉，詔從泌請，遂著為定制，中外所上書疏亦如之。」〔註2〕可見樞密院為負責軍事管理與軍事行政事務的最高決策機構。

樞密院的長官，包括樞密使、樞密副使，又有知樞密院事、同知樞密院事。「本朝置樞密使、副，或置知樞密院、同知院，然使與知院不並置也。」〔註3〕又有簽書樞密院事、同簽書樞密院事，「太平興國四年，石元懿始以樞密直學士簽書樞密院事。八年，張司空齊賢、王公沔並以諫議大夫同簽書樞密院事。」〔註4〕樞密院長官除了管理軍事事務之外，並可向皇帝提供軍事方面的建議，例如太祖建隆元年（960）四月李筠叛，用樞密使吳廷祚言討之；〔註5〕九月征李重進，問計於樞密副使趙普；〔註6〕乾德四年（966）九月用樞密使李崇矩言，盡釋兩川賊黨妻子，〔註7〕可見樞密使對於皇帝的軍事決策，也有參謀議、備顧問的作用。

## 一、神宗時期的樞密院長貳

宋神宗即位後，「知祖宗志吞幽薊、靈武，而數敗兵，帝奮然將雪數世之恥」〔註8〕，因此推行富國強兵的政策，在富國方面，啟用王安石為宰相，推行青苗法、市易法、募役法等一連串的財經改革；在強兵方面，陸續推動保甲法、將兵法、軍器監等軍事改革與西北拓邊計劃。在推動軍事改革與進行拓邊行動時，理論上更需要樞密院長貳的積極配合，才能在軍事上做充分的準備與計劃。考察宋神宗時期的樞密院長貳，有下列諸人：

擔任樞密使或知樞密院事者，有文彥博、呂公弼、陳旭、吳充、馮京、孫固、韓縝，共七人。

擔任樞密副使或同知樞密院事、簽書樞密院事、同簽書樞密院事者，有陳旭、呂公弼、郭逵、吳奎、韓絳、邵亢、馮京、吳充、蔡挺、王韶、曾孝寬、孫固、呂公著、薛向、韓縝、安燾，共十六人。〔註9〕其中六人升任樞密使或

〔註2〕《長編》卷31，淳化元年十二月辛酉，第708頁。

〔註3〕宋敏求：《春明退朝錄》（北京：中華書局，1980年），第2頁。

〔註4〕宋敏求：《春明退朝錄》，第3頁。

〔註5〕《長編》卷1，建隆元年四月戊子，第13頁。

〔註6〕《長編》卷1，建隆元年十月丁亥，第27頁。

〔註7〕《長編》卷7，乾德四年九月壬辰，第178頁。

〔註8〕《宋史》卷16〈神宗紀三〉，第314頁。

〔註9〕參見《宋史》卷211〈宰輔表二〉，第5482～5494頁。徐自明：《宋宰輔編年錄校補》（北京：中華書局，1986年）卷6～卷8，第352～507頁。

知樞密院事。總計神宗時期曾任樞密院長貳者，共十七人。現對這十七人的出身背景與政治立場，略作分析如後：

## （一）文彥博

文彥博為北宋名臣，在擔任樞密使之前有豐富的從政經驗，且有軍事上的經歷，據《宋史・文彥博傳》記載：

> 文彥博字寬夫，汾州介休人。其先本敬氏，以避晉高祖及宋翼祖諱改焉。少與張昇、高若訥從潁昌史炤學，炤母異之，曰：「貴人也。」待之甚厚。及進士第，知翼城縣，通判絳州，為監察御史，轉殿中侍御史。
>
> 西方用兵，偏校有臨陳先退、望敵不進者，大將守著令皆申覆。彥博言：「此可施之平居無事時爾。今擁兵數十萬，而將權不專，兵法不峻，將何以濟？」仁宗嘉納之。黃德和之誣劉平降虜也，以金帶賂平奴，使附己說以證。平家二百口皆械繫。詔彥博置獄於河中，鞫治得實。德和黨援盛，謀翻其獄，至遣他御史來。彥博拒不納，曰：「朝廷慮獄不就，故遣君。今案具矣，宜亟還，事或弗成，彥博執其咎。」德和並奴卒就誅。以直史館為河東轉運副使。麟州餉道回遠，銀城河外有唐時故道，廢弗治，彥博父洎為轉運使日，將復之，未及而卒。彥博嗣成父志，益儲粟。元昊來寇，圍城十日，知有備，解去。遷天章閣待制、都轉運使，連進龍圖閣、樞密直學士、知秦州，改益州。嘗擊毬鈐轄廨，聞外喧甚，乃卒長杖一卒，不伏。呼入問狀，令引出與杖，又不受，復呼入斬之，竟毬乃歸。召拜樞密副使、參知政事。
>
> 貝州王則反，明鎬討之，久不克。彥博請行，命為宣撫使，旬日賊潰，檻則送京師。拜同中書門下平章事、集賢殿大學士。薦張瓌、韓維、王安石等恬退守道，乞褒勸以屬風俗。與樞密使龐籍議省兵，凡汰為民及給半廩者合八萬，論者紛然，謂必聚為盜，帝亦疑焉。彥博曰：「今公私困竭，正坐兵冗。脫有難，臣請死之。」其策訖行，歸兵亦無事。〔註10〕

文彥博雖為文官，但對邊疆事務頗為熟悉，仁宗宋夏戰爭時期，文彥博曾誅殺

---

〔註10〕《宋史》卷313〈文彥博傳〉，第10258～10259頁。

誣告將領劉平降敵的宦官黃德和，又修築河東麟州餉道，其後平定貝州王則之亂，可謂文武兼備。《宋史》又記載：

> 初，仁宗之不豫也，彥博與富弼等乞立儲嗣。仁宗許焉，而後宮將有就館者，故其事緩。已而彥博去位，其後弼亦以憂去。彥博既服闋，復以故官判河南，有詔入覲。英宗曰：「朕之立，卿之力也。」彥博竦然對曰：「陛下入繼大統，乃先帝聖意，皇太后協贊之力，臣何力之有？兼陛下登儲纂極之時，臣方在外，皆韓琦等承聖志受顧命，臣無與焉。」帝曰：「備聞始議，卿於朕有恩。」彥博遜避不敢當。帝曰：「暫煩西行，即召還矣。」尋除侍中，徙鎮淮南、判永興軍，入為樞密使、劍南西川節度使。〔註11〕

文彥博對於英宗有擁立之功，在朝廷上可謂德高望重。尤其曾以張瓌、韓維、王安石等人恬退守道而推薦之，對王安石有恩。

文彥博自英宗治平二年（1065）已擔任樞密使，神宗即位後繼續擔任樞密使，然而文彥博對新法卻是持反對的態度，《宋史》稱文彥博「在樞府九年，又以極論市易司監賣果實，損國體斂民怨，為安石所惡，力引去」。〔註12〕不過，宋神宗一方面要仰賴文彥博在軍事上的資望，一方面也有意「異論相攪」，讓文彥博來牽制王安石，所以文彥博一直擔任樞密使至熙寧六年（1073）。

## （二）呂公弼

呂公弼之父為北宋名相呂夷簡，呂公弼擔任樞密副使之前的政治經歷，據《宋史·呂公弼傳》記載：

> 公弼字寶臣。賜進士出身，積遷直史館、河北轉運使。自寶元、慶曆以來，宿師備邊。既西北撤警，而將屯如故，民疲饋餉。公弼始通御河，漕粟實塞下；冶鐵以助經費；移近邊屯兵就食京東；增城卒，給板築；蠲冗賦及民逋數百萬。夷簡之亡也，仁宗思之，問知父弼名，識於殿柱。至是，益材其為。擢都轉運使，加龍圖閣直學士、知瀛州，入權開封府。嘗奏事退，帝目送之，謂宰相曰：「公弼甚似其父。」
>
> 改同羣牧使，以樞密直學士知渭、延二州，徙成都府。其治尚寬，人疑少威斷。營卒犯法當杖，扞不受，曰：「寧以劍死。」公弼曰：

〔註11〕《宋史》卷313〈文彥博傳〉，第10261頁。
〔註12〕《宋史》卷313〈文彥博傳〉，第10262頁。

「杖者國法，劍汝自請。」杖而後斬之，軍府肅然。英宗罷三司使蔡襄，召公弼代之。初，公弼在羣牧時，帝居藩，得賜馬頗劣，欲易不可。至是，帝謂曰：「卿曩歲不與朕馬，是時固已知卿矣。蔡襄主計，訴訟不時決，故多留事。卿繼其後，將何以處之？」公弼頓首謝，對曰：「襄勤於事，未嘗有曠失，恐言之者妄耳。」帝以為長者。

拜樞密副使。時言事者數與大臣異議去，公弼諫曰：「諫官、御史，為陛下耳目，執政為股肱。股肱耳目，必相為用，然後身安而元首尊。宜考言觀事，視其所以而進退之。」彗出營室，帝憂之，同列請飭邊備。公弼曰：「彗非小變，陛下宜側身修德，以應天戒，臣恐患不在邊也。」〔註13〕

呂公弼既為北宋名臣呂夷簡之子，又是科舉進士出身的官僚，當時人對他的評價為「其治尚寬」、「少威斷」，英宗也「以為長者」。英宗時因彗星出現而有官員請備邊，呂公弼卻強調皇帝應「側身修德」，「患不在邊」，可見對於邊事問題態度保守，反對積極進取的拓邊政策。

呂公弼在英宗治平二年已任樞密副使，治平四年神宗即位後升任樞密使，但「安石立新法，公弼數言宜務安靜，又將疏論之。從孫嘉問竊其稿示安石，安石先白之，帝不樂，遂罷為觀文殿學士」，〔註14〕呂公弼的從孫雖為新黨官員呂嘉問，但公弼對新法亦有所不滿，因此被罷職。

## （三）陳旭（升之）

陳升之擔任樞密副使之前的經歷，據《宋史・陳升之傳》記載：

陳升之字暘叔，建州建陽人。舉進士，歷知封州、漢陽軍，入為監察御史、右司諫，改起居舍人、知諫院。……遷侍御史知雜事。凡任言責五年，所上數十百事，然持論不堅，以故不盡施用。

擢天章閣待制、河北都轉運使，知瀛州、真定府，加龍圖閣直學士，復知諫院。上言：「天下州縣治否，朝廷不能周知，悉付之轉運使。今選用不精，又無考課，非闇滯罷懦，則凌肆刻薄，所以疾苦愁歎，壅於上聞。必欲垂意元元，宜從此始。」乃詔翰林學士承旨孫抃、權御史中丞張昇，與升之同領磨勘轉運使及提點刑獄功務。

〔註13〕《宋史》卷311〈呂夷簡附呂公弼傳〉，第10212～10213頁。
〔註14〕《宋史》卷311〈呂夷簡附呂公弼傳〉，第10214頁。

升之初為諫官時，嘗請抑絕內降，詔許有司執奏勿下。至是，申言
之。詔委三省劾正其罪，仍揭於朝堂。文彥博乞罷相，升之慮樞密
使賈昌朝復用，疏論其邪，昌朝卒罷去。遷樞密直學士、知開封府。
歲餘，拜樞密副使。於是諫官御史唐介、范師道、呂誨、趙抃、王
陶交章論升之陰結宦者，故得大用。仁宗以示升之，升之丏去。帝
謂輔臣曰：「朕選用執政，豈容內臣預議邪？」乃兩罷之。以升之為
資政殿學士、知定州，徙太原府。〔註15〕

陳旭也是傳統官僚出身，長期擔任諫官，但「持論不堅」，且曾被人批評「陰
結宦者，故得大用」，道德操守似有瑕疵。《宋史》又載：

治平二年，復拜樞密副使。神宗立，以母老請郡，為觀文殿學士、
知越州。熙寧元年，徙許，中道改大名府，過闕，留知樞密院。故
事，樞密使與知院事不並置。時文彥博、呂公弼既為使，帝以升之
三輔政，欲稍異其禮，故特命之。〔註16〕

陳旭在治平二年擔任樞密副使，熙寧元年擔任知樞密院事，熙寧五年（1072）
擔任樞密使，但陳旭對新法的推行機構制置三司條例司頗有微詞，認為：「宰
相無所不統，所領職事，豈可稱司，若制置百司條例則可，但今制置三司一官，
則不可。」因此「忤安石」。《宋史》認為陳旭「深狡多數，善傅會以取富貴」，
王安石用事時，陳旭「心知其不可，而竭力為之用，安石德之，故使先己為相」。
然而陳旭甫得志，即求解條例司，又「時為小異，陽若不與之同者」，被譏之
為「筌相」。〔註17〕陳旭並未積極反對新法，但在若干問題上又故意表示與王
安石意見不同，以示清高，可謂是政治上的投機派。且陳旭在軍事上無經歷，
在樞密使一職上似不能給神宗太多的幫助。

## （四）吳充

《宋史‧吳充傳》記載：

吳充字沖卿，建州浦城人。未冠，舉進士，與兄育、京、方皆高第。
調穀熟主簿，入為國子監直講、吳王宮教授。等輩多與宗室狎，充
齒最少，獨以嚴見憚，相率設席受經。充作六箴以獻，曰視，曰聽，
曰好，曰學，曰進德，曰崇儉。仁宗命繕寫賜皇族，英宗在藩邸，

---

〔註15〕《宋史》卷312〈陳升之傳〉，第10236～10237頁。
〔註16〕《宋史》卷312〈陳升之傳〉，第10238頁。
〔註17〕《宋史》卷312〈陳升之傳〉，第10238頁。

書之坐右。

除集賢校理、判吏部南曹。選人胡宗堯者，翰林學士宿之子，坐小累，不得改京官。判銓歐陽脩為之請，仇家譖脩以為黨宿，詔出脩同州。充言：「脩以忠直擢侍從，不宜用讒逐。若以為私，則臣願與脩同貶。」於是脩復留，而充改知太常禮院。張貴妃薨，治喪越式，判寺王洙命吏以印紙行文書，不令同僚知。充移開封治吏罪，忤執政意，出知高郵軍。還為群牧判官、開封府推官，歷知陝州，京西、淮南、河東轉運使。

英宗立，數問充所在，會入覲，語其為吳王宮教授時事，嘉勞之。尋權鹽鐵副使。熙寧元年，知制誥。神宗諭以任用意，曰：「先帝知卿久矣。」遂同知諫院。言：「士大夫親沒，或槁殯數十年，傷敗風化，宜限期使葬。」詔著為令。〔註18〕

吳充也是傳統官僚出身，且任官經歷較偏向經術文學方面，曾任國子監直講、吳王宮教授、知太常禮院等，神宗即位後與神宗談話也以「傷敗風化」的問題為重，對軍事問題方面似無接觸。

吳充於熙寧三年（1070）擔任樞密副使、熙寧八年（1075）擔任樞密使，其子吳安持為王安石的女婿，但吳充對西北拓邊不甚積極，「王韶取洮州，蕃酋木征遁去，充請招還故地，縻以爵秩，使自領所部，永為外臣，無庸列置郡縣，殫財屈力。時方以開拓付韶，充言不用。」且吳充對王安石新法亦頗有非議，「充雖與安石連姻，而心不善其所為，數為帝言政事不便。」〔註19〕

### （五）馮京

馮京也是傳統官僚出身，且在科舉考試中名列前茅，《宋史・馮京傳》記載：

馮京字當世，鄂州江夏人。少雋邁不群，舉進士，自鄉舉、禮部以至廷試，皆第一。時猶未娶，張堯佐方負宮掖勢，欲妻以女。擁至其家，束之以金帶，曰：「此上意也。」頃之，宮中持酒殽來，直出奩具目示之。京笑不視，力辭。出守將作監丞、通判荊南軍府事。還，直集賢院、判吏部南曹，同修起居注。吳充以論溫成皇后追冊事，出知高郵，京疏充言是，不當黜。劉沆請併斥京，仁宗曰：「京

〔註18〕《宋史》卷 312〈吳充傳〉，第 10238～10239 頁。
〔註19〕《宋史》卷 312〈吳充傳〉，第 10239 頁。

－207－

亦何罪?」但解其記注,旋復之。

試知制誥。避婦父富弼當國嫌,拜龍圖閣待制、知揚州。改江寧府,以翰林侍讀學士召還,糾察在京刑獄。為翰林學士、知開封府。數月不詣丞相府,韓琦語弼,以京為傲。弼使往見琦,京曰:「公為宰相,從官不妄造請,乃所以為公重,非傲也。」出安撫陝西,請城古渭,通西羌唃氏,畀木征官,以斷夏人右臂。除端明殿學士、知太原府。神宗立,復為翰林學士,改御史中丞。

馮京對於邊疆軍事事務曾有涉獵,在陝西擔任安撫使時,建議聯絡青唐唃廝囉的孫子木征,以斷西夏之右臂,這一建議實與王韶〈平戎策〉的主張相近。馮京於熙寧三年擔任樞密副使,熙寧九年(1076)擔任知樞密院事,元豐三年(1080)任樞密使,對新法亦持反對態度,「王安石為政,京論其更張失當,累數千百言,安石指為邪說,請黜之。帝以為可用,擢樞密副使。」〔註20〕馮京在擔任樞密副使期間,卻將心力放在評論內政上,屢屢上言反對王安石新法,並未對西北拓邊與軍事改革有太多建樹。

## (六)孫固

元豐元年(1078)擔任同知樞密院事、元豐四年擔任知樞密院事的孫固,《宋史・孫固傳》記載:

孫固字和父,鄭州管城人。幼有立志,九歲讀論語,曰:「吾能行此。」徂徠石介一見,以公輔期之。擢進士第,調磁州司戶參軍。從平貝州,為文彥博言脅從罔治之義,與彥博意協,故但誅首惡,餘無所及。轉霍邑令,遷祕書丞,為審刑詳議官。宰相韓琦知其賢,諭使來見,固不肯往。琦益器重之,引為編修中書諸房文字。

治平中,神宗為潁王,以固侍講;及為皇太子,又為侍讀。至即位,擢工部郎中、天章閣待制、知通進銀臺司。种諤取綏州,固知神宗志欲經略西夏,欲先事以戒,即上言:「待遠人宜示之信,今無名舉兵,非計之得。願以漢韓安國魏相、唐魏徵論兵之略,參校同異,則是非炳然矣。兵,兇器也,動不可妄,妄動將有悔。」大臣惡其說,出知澶州。還知審刑院,復領銀臺、封駁兼侍讀,判少府監。〔註21〕

孫固在軍事上有相當的歷練,曾經隨文彥博平定貝州王則之亂。但孫固對西北

---

〔註20〕《宋史》卷317〈馮京傳〉,第10339頁。

〔註21〕《宋史》卷341〈孫固傳〉,第10874頁。

拓邊卻持反對意見，當治平四年种諤攻佔綏州之後，孫固即勸戒神宗「無名舉兵，非計之得」、「兵兇器也，動不可妄」，可見對於西北拓邊採消極立場。

此外，孫固對王安石新法亦有不滿，神宗曾問孫固：「王安石可相否？」孫固對曰：「安石文行甚高，處侍從獻納之職，可矣。宰相自有其度，安石狷狹少容。必欲求賢相，呂公著、司馬光、韓維其人也。」凡四問，皆以此對；王安石擔任宰相後，「更法度，固數議事不合；青苗法出，又極陳其不便。」〔註22〕

## （七）吳奎

治平四年曾任樞密副使的吳奎，據《宋史·吳奎傳》記載：

> 吳奎字長文，濰州北海人。性強記，於書無所不讀。舉五經，至大理丞，監京東排岸。……再遷殿中丞，策賢良方正入等，擢太常博士、通判陳州。入為右司諫，改起居舍人，同知諫院。每進言，惟勸帝禁束左右姦倖。
>
> 皇祐中，頗多災異，奎極言其徵。……唐介論文彥博，指奎為黨，出知密州。加直集賢院，徙兩浙轉運使。入判登聞檢院、同修起居注、知制誥。……至和三年，大水，詔中外言得失。奎上疏曰：「陛下在位三十四年，而儲嗣未立。在禮，大宗無嗣，則擇支子之賢者。以昭穆言，則太祖、太宗之曾孫，所宜建立，以繫四海之望。俟有皇子則退之，而優其禮於宗室，誰曰不然？陛下勿聽姦人邪謀，以誤大事。若倉卒之際，柄有所歸，書之史冊，為萬世歎憤。臣不願以聖明之資，當危亡之比。此事不宜優遊，願蚤裁定。定之不速，致宗祧無本，鬱結羣望，推之咎罰，無大於此。」帝感其言，拜翰林學士，權開封府。
>
> 奎達於從政，應事敏捷，吏不敢欺。富人孫氏辜榷財利，負其息者，至評取物產及婦女。奎發孫宿惡，徙其兄弟於淮、閩，豪猾畏斂。居三月，治聲赫然。除端明殿學士、知成都府，以親辭，改鄆州。復還翰林，拜樞密副使。治平中，丁父憂，居喪毀瘠，廬於墓側，歲時潔嚴祭祀，不為浮屠事。神宗初立，奎適終制，以故職還朝。〔註23〕

吳奎本身並無軍事與邊防方面的經歷，經常藉天災上書勸諫帝王反躬自省，且

---

〔註22〕《宋史》卷341〈孫固傳〉，第10874～10875頁。
〔註23〕《宋史》卷316〈吳奎傳〉，第10320～10321頁。

曾經被人指出為文彥博之黨，在文彥博批評新法之時，吳奎也與文彥博採同一立場，反對王安石執政，說道：「臣嘗與安石同領羣牧，見其護前自用，所為迂闊。萬一用之，必紊亂綱紀。」又說：「今民力困極，國用窘乏，必俟順成，乃可及他事。帝王所職，惟在於判正邪，使君子常居要近，小人不得以害之，則自治矣。」〔註24〕儼然將王安石視為奸邪小人。

## （八）呂公著

《宋史·呂公著傳》記載：

> 呂公著字晦叔，幼嗜學，至忘寢食。父夷簡器異之，曰：「他日必為公輔。」恩補奉禮郎，登進士第，召試館職，不就。通判潁州，郡守歐陽脩與為講學之友。後脩使契丹，契丹主問中國學行之士，首以公著對。判吏部南曹，仁宗獎其恬退，賜五品服。除崇文院檢討、同判太常寺。壽星觀營真宗神御殿，公著言：「先帝已有三神御，而建立不已，殆非祀無豐昵之義。」進知制誥，三辭不拜。改天章閣待制兼侍讀。
>
> 英宗親政，加龍圖閣直學士。方議追崇濮王，或欲稱皇伯考，公著曰：「此真宗所以稱太祖，豈可施於王。」及下詔稱親，且班諱，又言：「稱親則有二父之嫌，王諱但可避於上前，不應與七廟同諱。」呂誨等坐論濮王去，公著言：「陛下即位以來，納諫之風未彰，而屢絀言者，何以風示天下？」不聽。遂乞補外，帝曰：「學士朕所重，其可以去朝廷？」請不已，出知蔡州。〔註25〕

呂公著與呂公弼同為名臣呂夷簡之子，呂公著本人並無軍事方面的經歷，且曾參與英宗時期的「濮議」事件，當時英宗欲崇奉親生父親濮王典禮，司馬光言：「濮王雖於陛下有天性之親，然陛下所以負扆冕，子孫萬世相承，皆先帝之德也。濮王宜準先朝封贈『期親』尊屬故事。」翰林學士王珪依司馬光議，「濮王於仁宗為兄，於皇宜稱『皇伯』而不名。」司馬光、王珪認為英宗既已過繼仁宗為子，應稱親生父親濮王為「皇伯」。參知政事歐陽修反對，認為：「本生之親，改稱皇伯，歷考前世，皆無典據。」兩派爭執不下。御史呂誨、范純仁、呂大防奏請依王珪議，書上不報，呂誨等遂彈劾宰相韓琦。宰相亦言「皇伯無稽，決不可稱。」韓琦言：「若臣等有罪，當留御史。」英宗支持韓琦與歐陽

---

〔註24〕《宋史》卷316〈吳奎傳〉，第10320～10321頁。
〔註25〕《宋史》卷336〈呂公著傳〉，第10772～10773頁。

修，將呂誨貶知蘄州，范純仁安州通判，呂大防知休寧縣。當時趙鼎、趙瞻、傅堯俞出使契丹歸國，見呂誨被貶，皆自請同貶，結果三人貶為通判、知州。知諫院司馬光、知制誥韓維、侍讀呂公著亦請俱貶，呂公著貶知蔡州。這一「濮議」事件，使得宰相、臺諫嚴重對立，最後英宗於治平四年病死，濮議因而不了了之。

在濮議事件中，呂公著與司馬光站在同一陣線，反對韓琦與歐陽修，故呂公著與司馬光關係密切。神宗時，呂公著又與司馬光採同一立場，反對王安石新法。呂公著於元豐元年任同知樞密院事，元豐三年升任樞密副使，王安石推行青苗法時，呂公著上言曰：「自古有為之君，未有失人心而能圖治，亦未有能脅之以威、勝之以辯而能得人心者也。昔日之所謂賢者，今皆以此舉為非，而生議者一切詆為流俗浮論，豈昔皆賢而今皆不肖乎？」王安石怒其深切；其後又批評新黨呂惠卿：「惠卿固有才，然姦邪不可用。」〔註26〕

以上八人，對新法皆採反對態度，且其中六人曾擔任樞密使或知樞密院事。

## （九）邵亢

《宋史・邵亢傳》記載：

邵亢字興宗，丹陽人。幼聰發過人，方十歲，日誦書五千言。賦詩豪縱，鄉先生見者皆驚偉之。再試開封，當第一，以賦失韻弗取。范仲淹舉亢茂才異等，時布衣被召者十四人，試崇政殿，獨亢策入等，除建康軍節度推官。或言所對策字少，不應式，宰相張士遜與之姻家，故得預選，遂報罷。而士遜子實娶它邵，與亢同姓耳。士遜既不能與直，亢亦不自言。

趙元昊叛，亢言：「用兵在於擇將，今天下久不知戰，而所任多儒臣，未必能應變。武人得長一軍，又已老，詎能身先矢石哉？間起故家恩倖子弟，彼安識攻守之計？況將與卒素不相附，又亡堅甲利兵之禦。此不待兩軍相當，而勝敗之機，固已形矣。」因獻〈兵說〉十篇。召試祕閣，授潁州團練推官。晏殊為守，一以事諉之。……入為國子監直講、館閣校勘、同知太常禮院。……進集賢校理。……提點開封縣鎮公事。……徙為府推官，改度支判官。選為潁王府翊善，加直史館。召對羣玉殿，英宗訪以世事，稱之曰：「學士真國器也。」

〔註26〕《宋史》卷336〈呂公著傳〉，第10773～10774頁。

> 擢同修起居注。……以知制誥知諫院。東宮建，為右庶子。神宗立，
> 遷龍圖閣直學士。……進樞密直學士、知開封府。〔註27〕

邵亢在仁宗宋夏戰爭之時，曾批評當時任用將帥之不當，並撰有〈兵說〉十篇，對軍事問題應有相當的認識。但此後並未擔任與軍事有關的經歷。於治平四年任樞密副使時，西夏誘殺知保安軍楊定，朝廷謀西討，邵亢認為：「天下財力殫屈，未宜用兵，唯當降意撫納，俟不順命，則師出有名矣。」主張安撫夏人，態度變得較為保守；且邵亢「在樞密踰年，無大補益，帝頗厭之」，未幾即去職。〔註28〕

## （十）韓縝

元豐四年擔任同知樞密院事、元豐六年（1083）升任知樞密院事的韓縝，據《宋史・韓縝傳》記載：

> 韓縝字玉汝。登進士第，簽書南京判官。仁宗以水災求直言。縝上
> 疏曰：「今國本未立，無以繫天下心，此陰盛陽微之應。」詞極剴
> 切。劉沆薦其才，命編修三班敕。前此，武臣不執親喪。縝建言：
> 「三年之服，古今通制；晉襄衰墨從戎，事出一時。」遂著令，自
> 崇班以上聽持服。為殿中侍御史。參知政事孫抃持祿充位；權陝西
> 轉運副使薛向赴闕，樞密院輒畫旨除為真；劉永年以外戚除防禦使；
> 內侍史志聰私役皇城親從：縝皆極論之。帝為罷抃，寢向與永年之
> 命，而正志聰罪。遷侍御史、度支判官，出為兩浙、淮南轉運使，
> 移河北。
>
> 夏諒詐死，子秉常嗣，遣使求封冊。朝廷方責夏人不修職貢，欲擇人
> 詰其使。縝適陛辭，神宗命之往。縝至驛問罪，使者引服，迨夜，奏
> 上。帝喜，改使陝西。入知審官西院、直舍人院。以兄絳執政，改集
> 賢殿修撰、鹽鐵副使，以天章閣待制知秦州。嘗宴客夜歸，指使傅勔
> 被酒，誤隨入州宅，與侍妾遇，縝怒，令軍校以鐵裏杖箠殺之。勔妻
> 持血衣，撾登聞鼓以訴，坐落職，分司南京。秦人語曰：「寧逢乳虎，
> 莫逢玉汝。」其暴酷如此。久之，還待制、知瀛州。〔註29〕

韓縝本身並無太多軍事經歷，唯一的軍事經歷為知秦州（秦鳳路經略安撫使），

---

〔註27〕《宋史》卷 317〈邵亢傳〉，第 10335～10337 頁。
〔註28〕《宋史》卷 317〈邵亢傳〉，第 10337 頁。
〔註29〕《宋史》卷 315〈韓縝傳〉，第 10310 頁。

但其表現「暴酷」，將指使傅勍杖殺而死，因此被解職。但韓縝外交經驗豐富，除前引文中曾提到出使西夏時曾問罪於西夏使者外，又曾參與熙寧七年宋遼劃界交涉，「遼使蕭禧來議代北地界。召縝館客，遂報聘，令持圖牒致遼主，不克見而還。知開封府，禧再至，復館之。詔乘驛詣河東，與禧分畫，以分水嶺為界。」但韓縝其人「外事莊重，所至以嚴稱。雖出入將相而寂無功烈，厚自奉養。」〔註30〕對外態度亦十分保守消極。

## （十一）郭逵

治平三年（1066）擔任同簽書樞密院事的郭逵，為武將出身，本書第四章第四節談交趾之役時，對郭逵曾有介紹。郭逵雖為武將，但對邊事較為謹慎保守，熙寧四年陝西宣撫使韓絳採納种諤的計劃要進攻西夏橫山地區，與郭逵商議。郭逵說：「諤，狂生爾，朝廷徒以家世用之，必誤大事。」韓絳怒，以為沮撓，奏召逵還。其後「王韶開熙河，逵案其不法。朝廷遣蔡確鞫之，謂逵誣罔，落宣徽使、知潞州。」熙寧九年交趾入侵宋境，攻佔邕州，郭逵受命為安南行營經略招討使，「冒暑涉瘴地，死者過半。至是，與賊隔一水不得進，乃班師。」〔註31〕可見郭逵對於發動戰爭是採取非常小心謹慎的態度。

## （十二）安燾

元豐六年擔任同知樞密院事的安燾，《宋史·安燾傳》記載：

> 安燾字厚卿，開封人。幼警悟。年十一，從學里中，羞與羣兒伍，聞有老先生聚徒，往師之。先生曰：「汝方為誦數之學，未可從吾遊，當羣試省題一詩，中選乃置汝。」燾無難色。詩成，出諸生上，由是知名。登第，調蔡州觀察推官，至太常丞、主管大名府路機宜文字。用歐陽脩薦，為祕閣校理、判吏部南曹，荊湖北路轉運判官、提點刑獄兼常平、農田水利、差役事。〔註32〕

安燾本身沒有軍事方面的經歷，於熙寧時「方興新法，奉行之吏，或迎合求進。司農符檄日夜下，如免役增寬賸，造簿供手實，青苗責保任，追胥苛切，其類旁午。燾平心奉法，列其泰甚於朝。」〔註33〕王安石變法時雖然執行新法，但

---

〔註30〕《宋史》卷315〈韓縝傳〉，第10310～10311頁。
〔註31〕《宋史》卷290〈郭逵傳〉，第9725頁。
〔註32〕《宋史》卷328〈安燾傳〉，第10564～10565頁。
〔註33〕《宋史》卷328〈安燾傳〉，第10565頁。

也將新法中壓迫百姓太甚者向朝廷報告。其後哲宗時安燾擔任樞密副使時，向哲宗建議放棄湟州，「初，建青唐邈川為湟州，戍守困於供億。燾在樞府，因議者以為可棄，奏還之。」〔註34〕對拓邊的態度明顯消極。

　　以上四人，對於新法沒有明顯的反對態度，但對西北拓邊的態度卻較為保守。

### （十三）韓絳

　　治平四年擔任樞密副使的韓絳，《宋史·韓絳傳》記載：

> 韓絳字子華。舉進士甲科，通判陳州。直集賢院，為開封府推官。……歷戶部判官。江南饑，為體量安撫使，行便民事數十條；宣州守廖詢貪暴不法，下吏寘諸理，民大悅。使還，同修起居注，擢右正言。仁宗謂絳曰：「用卿出自朕，卿凡論事，不宜沽激，當存朝廷大體，要令可行，毋使朕為不聽諫者。」……明年，知制誥，乞守河陽，召判流內銓。河決商胡，用李仲昌議，開六塔河而患茲甚，命絳安撫河北。時宰主仲昌，人莫敢異。絳劾其蠹國害民，罪不可貸，仲昌遂竄嶺表。遷龍圖閣直學士、知瀛州。歐陽脩率同列言：「絳宜在朝廷，瀛非所處也。」留知諫院，糾察在京刑獄。為翰林學士、御史中丞。……罷知蔡州。數月，以翰林侍讀學士知慶州。熟羌據堡為亂，即日討平之。加端明殿學士、知成都府。……神宗立，韓琦薦絳有公輔器，拜樞密副使。始請建審官西院，掌武臣升朝者，以息吏姦。〔註35〕

韓絳資歷完整，曾擔任知慶州（環慶路經略安撫使），討平羌人之亂。又為新法的支持者，「神宗嘗問天下遺利，絳請盡地力。因言差役之弊，願更定其法，役議自此始矣。代陳升之同制置三司條例，王安石每奏事，必曰：『臣見安石所陳非一，皆至當可用，陛下宜省察。』安石恃以為助。」熙寧三年由樞密副使升為參知政事，又自請赴邊為陝西宣撫使，「用知青澗城种諤策，欲取橫山，……既城囉兀，又冒雪築撫寧堡，調發騷然。已而二城陷，趣諸道兵出援，慶卒遂作亂。議者罪絳，罷知鄧州。」〔註36〕种諤計劃進一步攻取西夏橫山之地，並修築囉兀城，都得到韓縝的支持。但因慶州兵卒作亂，朝廷被迫放棄囉

---

〔註34〕《宋史》卷 328〈安燾傳〉，第 10568 頁。
〔註35〕《宋史》卷 315〈韓絳傳〉，第 10301～10303 頁。
〔註36〕《宋史》卷 315〈韓絳傳〉，第 10303 頁。

兀城，韓縝也被貶官知鄧州。

## （十四）薛向

元豐元年擔任同知樞密院事的薛向，據《宋史·薛向傳》記載：

薛向字師正。以祖顏任太廟齋郎，為永壽主簿，權京兆戶曹。有商胡齎銀二篋，出樞密使王德用書，云以與其弟。向適監稅，疑之曰：「烏有大臣寄家問而誘胡人者？」鞫之，果妄。……為邠州司法參軍。……邠守貪遝，欲因事為邪，並治子城，立表於市以撤屋，冀得賂免，向力爭罷之。

監在京榷貨務，連歲羨緡錢，當遷秩，移與其兄。三司判官董沔議改河北便糴，行鈔法。向曰：「如此，則都內之錢不繼，茶、鹽、香、象將益不售矣。」有司主沔議，既而邊糴滯不行，沔坐黜。

以向知廓州。大水冒城郭，沉室廬，死者相枕。郡卒戍延安，詣主將求歸視，弗得，皆亡奔。至，則家人無存者，聚謀為盜，民大恐。向遣吏曉之曰：「冒法以赴急，人之常情，而不聽若輩歸，此武將不知變之過也。亟往收溺屍，貰汝擅還之罪。」眾入庭下泣謝，一境乃安。

又論河北糴法之弊，以為：「度支歲費錢緡五百萬，所得半直，其贏皆入賈販家。今當有以權之，遇穀貴，則官糴於澶、魏，載以給邊；新陳未交，則散糴價以救民乏；軍食有餘，則坐倉收之。此策一行，穀將不可勝食矣。」朝廷是向計，始置便糴司於大名，以向為提點刑獄兼其事。武彊有盜殺人而逸，尉捕平民抑使承，向覆其冤，脫六囚於死。

入為開封度支判官，權陝西轉運副使、制置解鹽。鹽足支十年，而歲調畦夫數千，向奏損其數。兼提舉買馬，監牧沙苑養馬，歲得駒三百，而費錢四千萬，占田千頃。向請斥閒田予民，收租入以市之。乃置場於原、渭，以羨鹽之直市馬，於是馬一歲至萬匹。

昭陵（宋仁宗永昭陵）復土，計用錢糧五十萬貫石，三司不能供億，將移陝西緣邊入鹽中于永安縣。向陳五不可，以為失信商旅，遂舉所闕之數以獻。……罷知汝州。甫數月，復以為陝西轉運副使，進為使。厚陵（宋英宗永厚陵）役費，其助如永昭時。凡將漕八年，

　　　所入鹽、馬、芻、粟數累萬，民不益賦，其課為最。〔註37〕

薛向非進士出身，但長於理財，曾批評三司判官董沔改河北便糴法為鈔法，
又論河北糴法之弊，在陝西以解鹽的收入買馬，「將漕八年，所入鹽、馬、芻、
粟數累萬，民不益賦，其課為最」，可見其理財的能力。薛向又曾在邊地任官，
擔任過知郴州、陝西轉運副使，對邊疆事務也有涉獵。神宗即位後，薛向亦
支持新法與開邊，治平四年青澗城主种諤誘降西夏綏州守將嵬名山，种諤不
俟命遽率所部出塞攻佔綏州，廷議劾諤擅興，薛向言：「諤今者之舉，蓋忘身
以徇國，有如不稱，臣請坐之。」种諤既貶，向亦罷知絳州，再貶信州，移
潞州。〔註38〕

　　不過，薛向的才能是在理財方面，「幹局絕人，尤善商財，計算無遺策，
用心至到，然甚者不能無病民」，神宗時擔任江、浙、荊、淮發運使。〔註39〕

## （十五）曾孝寬

　　熙寧八年擔任簽書樞密院事的曾孝寬，《宋史·曾公亮附曾孝寬傳》記載：

> 孝寬字令綽，以蔭知桐城縣。選知咸平縣，民詣府訴雨傷麥，府以
> 妄杖之。孝寬躬行田，辨其實，得蠲賦。除祕閣修撰、提點開封府
> 界鎮縣。〔註40〕

曾孝寬也非科舉出身，而是由父蔭為官。其父曾公亮曾推薦王安石，支持新法，
因此王安石「德其助己，故引擢孝寬至樞密以報之」；曾孝寬本人對新法的保
甲法也採支持態度，「保甲法行，民相驚言且籍為兵。知府韓維上言，乞候農
隙行之。孝寬牓十七縣，揭賞告捕扇惑者，民兵不敢訴，維之言不得行。」〔註
41〕但曾孝寬除強力推行保甲法外，對軍事問題並無太多接觸。

　　以上三人為新法的支持者，對於軍事改革或西北拓邊也採積極態度（曾孝
寬對西北拓邊態度不明，但支持保甲法），但軍事非其長才。

## （十六）蔡挺

　　蔡挺為「將兵法」的規劃者，本書第四章第一節曾詳細介紹蔡挺的生平。
蔡挺「熙寧五年，拜樞密副使。帝問挺涇原訓兵之法，召部將按於崇政殿，善

---

〔註37〕《宋史》卷328〈薛向傳〉，第10585～10586頁。
〔註38〕《宋史》卷328〈薛向傳〉，第10586～10587頁。
〔註39〕《宋史》卷328〈薛向傳〉，第10587～10588頁。
〔註40〕《宋史》卷312〈曾公亮附曾孝寬傳〉，第10234頁。
〔註41〕《宋史》卷312〈曾公亮附曾孝寬傳〉，第10234頁。

之，下以為諸郡法。……因乞置三十七將，皆行其策。」〔註42〕是既有軍事經驗又得到神宗重用者。但熙寧七年蔡挺「奏事殿中，疾作而仆，帝親臨賜藥，罷為資政殿學士、判南京留司御史臺」。蔡挺突然得病，在上朝奏事時仆倒在地，因此只能抱病退休，至元豐二年（1079）去世。〔註43〕蔡挺突然得病，可謂神宗軍事改革與西北拓邊的一大損失。

### （十七）王韶

王韶於熙寧元年向神宗提出〈平戎策〉，本書第三章第二節也有詳細介紹。王韶主張：「國家欲制西夏，當復河湟，河湟復，則西夏有腹背之憂。」〔註44〕後攻取熙、河等州，設置熙河路，是西北拓邊的提議者與執行者。王韶因開拓西北建熙河路有功，熙寧七年升任樞密副使。

以上二人，為支持或提倡軍事改革或西北拓邊且真正具有軍事才能者。

## 二、神宗對樞密院的態度

從以上的討論中，我們可以看出，宋神宗時期的樞密院正副長官十七人，有將近半數（八人）屬於舊黨，有四人立場較為中立但對軍事方面較為保守消極，支持軍事改革與西北拓邊者不過五人，其中又只有蔡挺、王韶二人具有軍事才能。宋神宗在「奮然將雪數世之恥」時，這種態度保守的樞密院顯然無法負擔起輔佐皇帝制定軍事戰略與軍事決策的職責。

舉例言之，熙寧元年王韶上〈平戎策〉之後，神宗命其負責西北開邊、經略河湟的重任。在經略西北的過程中，樞密使文彥博屢屢上奏西北開邊之不便，熙寧四年（1071），文彥博向神宗表達反對西北開邊招納蕃族之事，認為「招納無補」。當時的宰相王安石則說：「不煩兵，不費財，能撫結生戶，不為西人所收以為邊患，焉得為無補？」〔註45〕次年，文彥博又反對征伐羌人領袖木征，認為「自古用兵非得已，今若能服契丹、夏國乃善，至於木征，不足校計。」王安石又反駁道：「今所以招納生羌者，正欲臨夏國，使首尾顧憚，然後折服耳。」〔註46〕當時的文官宰相王安石對西北拓邊的態度，竟然比樞密使文彥博更積極，可見樞密院在西北拓邊的過程中無法產生積極作

〔註42〕《宋史》卷328〈蔡挺傳〉，第10577頁。
〔註43〕《宋史》卷328〈蔡挺傳〉，第10577頁。
〔註44〕王稱：《東都事略》卷82〈王韶傳〉，第690頁。
〔註45〕《長編》卷224，熙寧四年六月丙子，第5461頁。
〔註46〕《長編》卷230，熙寧五年二月癸亥，第5596頁。

用。當時王安石與王韶經常書信往返，討論西北事務。王安石在給王韶的信中說道：

> 洮河東西蕃漢集附，即武勝必為帥府，今日築城，恐不當小。若以目前功多難成，城大難守，且為一切之計，亦宜勿隳舊城，審處地勢，以待異時增廣。〔註47〕

除了關心修築城壘之事，王安石對於熙河路招募軍士的問題亦甚為留意，致王韶信中說道：

> 蕩除強梗，必有穀可獲以供軍，有地可募人以為弓箭手。特恐新募未便得力，若募選秦鳳涇原舊人投換，仍許其家人刺手承占本名，官土人員節級更與轉資，即素教之兵，足以鎮服。〔註48〕

這些軍事事務，原本應由樞密院與王韶溝通，向王韶下達指令，但宋神宗卻透過宰相王安石與王韶討論軍事，而非透過樞密院，神宗與樞密院的疏離關係，由此可見一斑。

然而，王安石對拓邊的積極態度，恐怕只是附和神宗的意旨，實際上，王安石在給王韶的私人書信中，還是表現出對拓邊行動的消極態度，王安石曾要求王韶勸戒諸將勿輕舉妄動，說道：

> 方今熙河所急，在修守備。嚴戒諸將勿輕舉動，武人多欲以討殺取功為事，誠如此而不禁，則一方憂未艾也。〔註49〕

總體來說，王安石對拓邊的態度雖較文彥博積極一些，但仍強調消極的「修武備」，並且批評「武人多欲以討殺取功」，並不支持積極進取的軍事行動。

又如熙寧九年交趾入寇，攻佔宋朝欽州、廉州、邕州等地，宋神宗決定舉兵討伐交趾。當時的樞密院與神宗討論交趾降將劉紀的處理方式：

> 樞密院言：「廣源州劉紀等昨雖隨交賊為寇，而紀等素有歸向朝廷之意，但為交趾所驅迫，無路自新。兼累據諸處探報，交趾但為自守之計，將來王師所過，紀等先當誅鋤。」詔：「郭逵、趙卨遣人招諭紀等，許令效順，如即今未可投附，但密通誠款，俟大軍到出降，當議申奏，優與官爵、田宅及金箔之賜。」〔註50〕

〔註47〕 王安石：《臨川文集》（文淵閣四庫全書本第 1105 冊，臺北：台灣商務印書館影印本，1983 年）卷73〈與王子醇書〉，第 609 頁。
〔註48〕 王安石：《臨川文集》卷73〈與王子醇書二〉，第 609 頁。
〔註49〕 王安石：《臨川文集》卷73〈與王子醇書三〉，第 609 頁。
〔註50〕 《長編》卷 275，熙寧九年五月癸亥，第 6725 頁。

在交趾入寇，宋朝大舉進兵之際，交趾將領劉紀意欲向宋朝投誠，而樞密院的
看法是交趾的入寇只是「但為自守之計」，為交趾的入侵行為開脫罪名，並希
望神宗將投降的劉紀「誅鋤」。顯然樞密院在交趾已經入寇的情況下仍然抱著
保守反戰、息事寧人的心態，寧可將投降宋朝的劉紀誅殺，以換取邊境的和平。
當時的樞密使為吳充，樞密副使為王韶，簽書樞密院事為曾孝寬，這種保守的
態度，應當出自於樞密使吳充。此一觀點當然為神宗所不容，因此神宗再次強
調，對劉紀要「優與官爵、田宅及金箔之賜」。至於樞密副使王韶，在西北開
邊時勇於任事，此時態度亦甚積極，司馬光《涑水記聞》記載：

> 交趾之圍邕州也，介甫（王安石）言於上曰：「邕州城堅，必不可破。」
> 上以為然。既而城陷，上欲召兩府會議於天章閣，介甫曰：「如此則
> 聞欲彰，不若只就東府。」上從之。介甫憂沮，形於言色，王韶曰：
> 「公居此尚爾，況居邊徼者乎？願少安重，以鎮物情。」介甫曰：
> 「使公往，能辦之乎？」韶曰：「若朝廷應副，何為不能辦？」介甫
> 由是始與韶有隙。〔註51〕

王韶自言「若朝廷應副，何為不能辦？」可見其積極的心態。然而這種張揚的
態度，讓「憂沮形於言色」的王安石難堪，於是王安石與王韶始有嫌隙。王安
石向王韶施壓，迫其去職，連宋神宗也看不下去，告訴王安石道：「王韶疑卿
迫之，力求去，恐復如呂惠卿。韶幸無他，冀後尚有可任使，卿宜勉留之。」
〔註52〕王安石對拓邊軍事行動的消極態度，此處又為一例證。即使大敵當前，
但王韶主動進取的態度又引起王安石的妒忌與敵視，幾乎被迫去職，故王韶雖
然在軍事上具有才能，但在王安石的牽制之下，在樞密副使一職上也難以有太
多積極的表現。

　　元豐四年西夏發生政變，宋神宗決定趁機大舉討伐西夏，當時的樞密院長
官孫固、呂公著皆持反對意見：

> 諜者告夏人幽其主，神宗遽欲西討，（孫）固諫曰：「舉兵易，解禍
> 難。」前後論之甚苦。神宗意堅甚，固曰：「必不得已，請聲其罪薄
> 伐之，分裂其地，使其酋長自守。」神宗笑曰：「此真鄙生之說爾。」
> 時執政有議直度河者，固曰：「然則孰為陛下任之者？」神宗曰：「朕
> 以屬李憲。」固曰：「西伐，大事也，豈可使宦官為之？今陛下任李

〔註51〕司馬光：《涑水記聞》卷16，第320頁。
〔註52〕《長編》卷275，熙寧九年五月己巳，第6730頁。

憲，則士大夫孰肯為用乎？」神宗不悅。他日固又言曰：「今五路進師而無大帥，就使功成，兵必為亂。」神宗曰：「大帥誠難其人。」呂公著曰：「既無其人，曷若已之？」固曰：「公著言是也。」後其師果無功。神宗始悔不用固言。〔註53〕

孫固主張不要對西夏用兵，神宗不聽；孫固主張不要用宦官李憲為統帥；神宗不聽；呂公著主張既無大帥人選，不如停止出兵，神宗亦不聽。可見樞密院長官在神宗做出重大軍事決策時，其意見往往被忽視，無法起到參謀議、備顧問的作用。

神宗對樞密院的消極態度也反映在「審官西院」、「吏部四選」的設置上，熙寧三年，神宗下詔：「國家以西樞（樞密院）內輔，贊翊本兵，任為重矣。而狃於舊制，自右職升朝以上，必兼擇而除授之，是以三公府而親有司之為，非所以遇朕股肱之意。……宜以審官院為審官東院，別置審官西院，差知院官兩員，專管閤門祇候以上諸司使磨勘、常程差遣。」〔註54〕將樞密院考核中級武官（諸司使）的權力移至新設的審官西院。元豐年間更定官制，設「吏部四選」：

> 元豐以後，以文武官階改屬於四：凡文臣寄祿官自朝議大夫，職事官自大理正以下，及非中書省敕授者，歸尚書左選；武臣陞朝官自皇城使，職司官自金吾衛仗司以下，及非樞密院宣授者，歸尚書右選。自初任至幕職州縣官，侍郎左選掌之；自副尉以上至從義郎，侍郎右選掌之。〔註55〕

吏部四選中，尚書左選負責中級文官的考核銓選，侍郎左選負責下級文官（幕職州縣官）的考核銓選；尚書右選負責考核中級武官（陞朝官自皇城使，職司官自金吾衛仗司以下，及非樞密院宣授者），侍郎右選負責考核下級武官（自副尉以上至從義郎）。仍未將武官考選之權，交還於樞密院，而是將中下級武官的銓選之權，交由吏部掌管。可見在神宗時期，樞密院的職權是不斷被削弱之中。

神宗既然要進行西北拓邊與軍事改革？為何任用的樞密院長官以保守者為多，並進一步削弱樞密院的權力？這可能要回溯到宋朝「異論相攪」的國

〔註53〕王稱：《東都事略》卷81〈孫固傳〉，第685～686頁。

〔註54〕徐松輯：《宋會要輯稿》，〈職官〉11之4，〈審官西院〉，第3307頁。

〔註55〕趙善沛：《元豐官制不分卷》（臺北：文海出版社，1981年），〈吏部尚書〉，第46～47頁。

策。宋太宗淳化二年（991），設審刑院以分刑部、大理寺之權；〔註56〕淳化四年（993）又設審官院以分吏部流內銓之權，〔註57〕都是為了分割臣僚的權力，使之互相牽制。宋真宗任用寇準時，人或問真宗，真宗曰：「且要異論相攪，即各不敢為非。」〔註58〕亦即讓不同政見的官員互相對立，彼此制衡，來達到鞏固皇權的目的。仁宗亦曾下詔：「自今除臺諫官，毋得用見任輔臣所薦之人。」〔註59〕然而仁宗、英宗時期，「異論者」多為台諫，利用言官的身分與宰相對立，如仁宗廢后事件時對抗宰相呂夷簡的台諫孔道輔與范仲淹，反對慶曆變法的御史中丞王拱辰，以及英宗濮議時反對宰相韓琦的知諫院司馬光。然而到了宋神宗時期，重用王安石進行變法時，為了讓新政順利推行，不能讓台諫抨擊新政，阻礙變法，於是台諫官改由宰相王安石推薦，《石林燕語》記載：

> 故事，台官皆御史中丞、知雜與翰林學士互舉，其資任須中行員外郎以下，太常博士以上，曾任通判人。未歷通判，非特旨不薦，仍為裏行，此唐馬周故事也。議者頗病太拘，難於應格。熙寧初，司馬君實（按：司馬光）為中司，已請稍變舊制，及呂晦叔繼為中司，遂薦張戩、王子韶，二人皆京官也。繼而王荊公驟用李資深（按：李定），以秀州軍事判官特除太子中允，權監察御史裏行。命下，宋次道當制，封還詞頭。已而次命李才元、蘇子容，皆不奉詔，蓋謂旋除中允而命，猶自選人而除也。三人皆謫，卒用資深。近歲有差遣，合用京官，特改官而除者，自資深始也。〔註60〕

從王安石推薦李定擔任權監察御史裏行開始，台諫的推薦權逐漸掌握在宰相之手。舊黨官員司馬光曾上書神宗批評這種做法，司馬光說：「今陛下使大臣自擇臺諫官，大臣又取同於己者存之，異於己者去之，然則陛下獨與大臣為天下足矣，何必更置臺諫官也？」〔註61〕又說：「至於台諫之官，天子耳目，所以規朝政之闕失，糾大臣之專恣，此陛下所當自擇，而亦使執政擇之，彼

---

〔註56〕《長編》卷32，淳化二年八月己卯，第718～719頁。

〔註57〕《長編》卷34，淳化四年五月丁未，第749頁。

〔註58〕《長編》卷213，熙寧三年七月壬辰，第5169頁。

〔註59〕《長編》卷151，慶曆四年八月戊午，第3691頁。

〔註60〕葉夢得：《石林燕語》（北京：中華書局，1984年）卷1，第12～13頁。

〔註61〕司馬光：《傳家集》卷44〈請自擇臺諫箚子〉，參見余英時：《朱熹的歷史世界——宋代士大夫政治文化的研究》（臺北：允晨文化，2003年），上篇，第333頁。

專用其所親愛之人，或小有違忤，即加貶逐，以懲後來，必得佞諛之尤者，然後使為之。」〔註62〕余英時指出：神宗即位後，無論是祖宗成法或仁宗新制，都一概置而不用，為了消弭朝廷上反新法的議論，神宗轉而以推薦臺諫的權柄，付之王安石。〔註63〕因此，為了新政順利推行，舊黨官員無法擔任台諫，宋神宗又必須「異論相攪」達到政治上的平衡，安撫籠絡舊黨官員，於是將舊黨官員放在樞密院長貳的位置上。但神宗又恐樞密院妨礙其西北拓邊與軍事改革，故疏遠其長貳並削減其權力。如此一來，樞密院長貳的角色常被邊緣化，無法發揮參謀議、備顧問的功能，使得宋神宗在處理軍事問題時，只能繞過樞密院，直接與邊臣商議，或直接下命令於邊臣，才能得到具體的效果。

## 第二節　邊臣與將帥

### 一、邊臣的選任

由於樞密院的長貳多無軍事長才，且對西北拓邊與軍事改革大多抱持消極的態度，宋神宗無法完全依賴他們提供軍事改革與西北經略的意見。至於西北地區的邊臣，是否能夠為宋神宗提供軍事上的建議呢？我們將宋神宗時期陝西沿邊諸路與熙河路的經略安撫使列表如下：

表 6-2-1：宋神宗時期陝西沿邊諸路與熙河路安撫使年表

| | 鄜延路 | 環慶路 | 秦鳳路 | 涇原路 | 熙河路 |
|---|---|---|---|---|---|
| 治平四年 | 陸詵（十一月去職）<br>郭逵 | 蔡挺（四月罷）<br>李肅之 | 蔡抗<br>馬仲甫（十一月任） | 郭逵<br>蔡挺（四月任） | |
| 熙寧元年 | 郭逵 | 李肅之<br>李復圭 | 馬仲甫<br>孫永 | 蔡挺 | |
| 熙寧二年 | 郭逵 | 李復圭 | 孫永（四月罷）<br>李師中 | 蔡挺 | |

---

〔註62〕司馬光：《傳家集》卷 45〈應詔言朝政闕狀〉，參見余英時：《朱熹的歷史世界──宋代士大夫政治文化的研究》，上篇，第 333～334 頁。

〔註63〕余英時：《朱熹的歷史世界──宋代士大夫政治文化的研究》，第 333 頁。

| 熙寧三年 | 郭逵 | 李復圭（十月罷）<br>王廣淵 | 李師中（六月罷）<br>竇舜卿（秦鳳副總管）<br>韓縝 | 蔡挺 | |
|---|---|---|---|---|---|
| 熙寧四年 | 郭逵（正月罷）<br>趙卨 | 王廣淵 | 韓縝（七月罷）<br>郭逵 | 蔡挺 | |
| 熙寧五年 | 趙卨 | 王廣淵（十一月罷）<br>楚建中 | 郭逵<br>呂公弼（二月任）<br>張詵（十二月任） | 蔡挺（二月罷）<br>郭逵<br>王廣淵（十一月任） | 王韶（十月任） |
| 熙寧六年 | 趙卨 | 楚建中 | 張詵 | 王廣淵 | 王韶 |
| 熙寧七年 | 趙卨 | 楚建中<br>范純仁（十月任） | 張詵 | 王廣淵 | 王韶<br>高遵裕（十二月任） |
| 熙寧八年 | 趙卨（十二月罷）<br>李承之 | 范純仁 | 張詵 | 王廣淵（十月卒）<br>馮京（十一月任） | 高遵裕 |
| 熙寧九年 | 李承之 | 范純仁 | 張詵<br>呂大防（八月任） | 馮京（四月罷）<br>蔡延慶 | 高遵裕<br>張詵（八月任） |
| 熙寧十年 | 李承之（二月罷）<br>呂惠卿 | 范純仁（八月罷）<br>高遵裕 | 呂大防 | 蔡延慶 | 張詵 |
| 元豐元年 | 呂惠卿 | 高遵裕<br>俞充（八月任） | 呂大防 | 蔡延慶 | 張詵 |
| 元豐二年 | 呂惠卿 | 俞充 | 呂大防<br>劉庠（三月任）<br>蔡燁（十一月任） | 蔡延慶（三月罷）<br>徐禧（十一月罷）<br>盧秉 | 張詵 |

| 元豐三年 | 呂惠卿（五月罷）<br>沈括 | 俞充 | 蔡燁<br>羅拯（八月卒）<br>孫坦<br>曾布（閏九月任） | 盧秉 | 趙濟<br>苗授（武將）（七月任） |
|---|---|---|---|---|---|
| 元豐四年 | 沈括 | 俞充（六月卒）<br>高遵裕<br>曾布（十二月任） | 曾孝寬（正月任）<br>呂公孺（十一月任） | 盧秉 | 苗授 |
| 元豐五年 | 沈括（十月罷）<br>种諤 | 曾布（十月罷）<br>趙卨 | 呂公孺（十一月罷）<br>蔡煜 | 盧秉 | 苗授 |
| 元豐六年 | 种諤（四月卒）<br>劉昌祚 | 趙卨 | 蔡煜<br>劉瑾（八月任） | 盧秉<br>李憲〔註64〕 | 苗授<br>趙濟（三月任） |
| 元豐七年 | 劉昌祚 | 趙卨 | 劉瑾（二月罷）<br>吳雍 | 李憲 | 趙濟 |
| 元豐八年 | 劉昌祚（四月罷）<br>趙卨 | 趙卨（四月罷）<br>范純仁<br>范純粹（十一月任） | 吳雍（七月罷）<br>范育 | 李憲<br>劉昌祚<br>劉庠（十二月任） | 趙濟 |

資料來源：吳廷燮：《北宋經撫年表・南宋制撫年表》（北京：中華書局，1984 年），第 203～249 頁。李昌憲：《宋代安撫使考》（濟南：齊魯書社，1997 年），第 207～253 頁。（除以上二書外，其他資料來源見注釋）

在上表中所列，從治平四年到元豐八年三月神宗駕崩為止，擔任陝西沿邊與熙河路安撫使的文官，包括陸詵、趙卨、李承之、呂惠卿、沈括、李肅之、李復圭、王廣淵、楚建中、范純仁、俞充、曾布、蔡抗、馬仲甫、孫永、李師中、韓縝、呂公弼、張詵、呂大防、劉庠、蔡燁、羅拯、孫坦、曾孝寬、呂公孺、蔡煜、劉瑾、吳雍、蔡挺、馮京、蔡延慶、徐禧、盧秉、王韶、趙濟，共三十六人。

陸詵在治平四年种諤收復綏州時，曾「戒諤毋妄動」，神宗「意詵不協力，

〔註64〕《宋史》卷 467〈宦者二・李憲傳〉，第 13640 頁。

徙知秦、鳳。」陸詵又「理諤不稟節制之狀，未及而徙，詵馳見帝，請棄綏州而上諤罪」，神宗愈不懌，罷知晉州。〔註65〕范純仁為舊黨重要官員，神宗任命其知慶州時，范純仁說：「臣儒家，未嘗學兵，先臣（純仁父范仲淹）守邊時，臣尚幼，不復記憶，且今日事勢宜有不同。陛下使臣繕治城壘，愛養百姓，不敢辭；若開拓侵攘，願別謀帥臣。」〔註66〕孫永知秦州時，王韶以布衣入幕府，建取熙河策，永折之曰：「邊陲方安靜，無故騷動，恐變生不測。」〔註67〕李師中亦反對王韶〈平戎策〉，引唐朝為鑑戒，認為「唐於西域，每得地則建為州，其後皆陷失，以清水為界。大抵根本之計未實，腹心之患未除，而勤遠略、貪土地者，未有不如此者。」〔註68〕呂大防也反對在邊境用兵，認為「治邊、治兵，緩末之宜二也。」〔註69〕劉庠亦為舊黨，「不肯屈事王安石」，元豐四年伐夏失敗後，曾「力言虛內事外，恐搖根本」〔註70〕，也是反對西北拓邊者。劉瑾未見軍事方面的才能，且與樞密院及武將的關係不佳，「（劉瑾）與樞密院論戍兵不合，改虔州。戰櫂都監楊從先奉旨募兵不至，擅遣其子懋糾諸縣巡檢兵集郡下，瑾怒責之，遽發悖謬語，懋訴瑾於朝，遂廢於家。」〔註71〕韓縝、呂公弼、馮京在本書第六章第一節已有介紹，其態度大都偏向舊黨，反對拓邊。

　　呂惠卿為新黨重要官員，但對軍事似不熟悉，擔任安撫使時曾擅改蕃漢兵的部署作戰方式，「陝西緣邊漢蕃兵各自為軍，每戰則以蕃部為先鋒，而漢兵城守，伺便乃出戰。惠卿始合之為一，先蒐補守兵而出其選以戰，隨屯置將，具條約上之，邊人及議者多言不可。路都監高永亨，老將也，爭之力，奏斥之。」〔註72〕沈括在本書第五章第三節中已有介紹，雖對科技方面甚有貢獻，但軍事並非其長才。李復圭於熙寧三年知慶州時，「擅興兵敗績，誣裨將李信、劉甫、种詠以死，御史劾之，貶保靜軍節度副使。」〔註73〕王廣淵小有才而善附會，所辟置類非其人。神宗曾謂執政曰：「廣淵奏辟將佐，非貴遊子弟，即胥史輩，

〔註65〕《宋史》卷332〈陸詵〉，第10681頁。
〔註66〕《宋史》卷314〈范純仁〉，第10285頁。
〔註67〕《宋史》卷342〈孫永〉，第10901頁。
〔註68〕《宋史》卷332〈李師中〉，第10679頁。
〔註69〕《宋史》卷340〈呂大防〉，第10841頁。
〔註70〕《宋史》卷322〈劉庠〉，第10451～10452頁。
〔註71〕《宋史》卷333〈劉瑾〉，第10703頁。
〔註72〕《宋史》卷471〈姦臣一・呂惠卿〉，第13707頁。
〔註73〕《宋史》卷15〈神宗紀二〉，第277頁。

至於濮宮書吏亦預選，蓋其人與時君卿善。一路官吏不少，置而不取，乃用此輩，豈不誤朝廷事？」〔註74〕顯然用人唯親，對軍事方面造成負面影響。曾布為新黨重要官員，但其長才在理財方面，曾「與呂惠卿共創青苗、助役、保甲、農田之法」。〔註75〕羅拯曾任江淮發運副使，長於理財，對軍事並無太多接觸。〔註76〕呂公孺曾在治平四年种諤攻佔綏州之時，神宗「遣使議守棄之便，久未決。命公孺往，與郭逵議合，遂存綏州。」〔註77〕認為宋朝不應該放棄綏州，具有戰略眼光，但其對軍事拓邊的態度不明確。徐禧在本書第五章第三節已有介紹，元豐五年主張將永樂城修築在沒有水泉之處，導致永樂之役宋軍饑渴，全軍覆沒，可知徐禧亦無軍事才能。曾孝寬在本書第六章第一節已有介紹，此人雖支持新法，但軍事並非其長才。

真正具有軍事素養的文官，除了王韶、蔡挺之外，趙卨在宋朝佔領綏州之後，西夏請求以塞門、安遠二砦交換綏州。趙卨言：「綏實形勢之地，宜增廣邊障，乃無窮之利。若存綏以觀其變，計之得也。」在韓絳宣撫陝西準備經營橫山時，趙卨向韓絳說道：「大兵過山界，皆砂磧，乏善水草，又亡險隘可以控扼，今切危之。若乘兵威招誘山界人戶，處之生地，當先經畫山界控扼之地，然後招降；不爾，勞師遠攻，未見其利。」熙寧十年討伐交趾時，趙卨為副統帥，主張「欲乘兵形未動，先撫輯兩江峒丁，擇壯勇啖以利，使招徠攜貳，隳其腹心，然後以大兵繼之」。〔註78〕可見趙卨雖為文官，但富有軍事韜略，為擔任安撫使的適當人才。

楚建中在仁宗宋夏戰爭時期，曾「請築安定、黑水八堡以控東道，夏人果來，聞有備，不敢入。」〔註79〕可算是具有軍事防務經驗。俞充知慶州時，「慶陽兵驕，小繩治輒肆悖，充嚴約束，斬妄言者五人於軍門。聞有病苦則巡撫勞餉，死不能舉者出私財以周其喪，以故莫不畏威而懷惠。」且俞充「知帝有用兵意，屢倡請西征」。〔註80〕馬仲甫知秦州時，「得籜栗城故址，自雞川砦築堡，北抵南谷，環數百里為內地，詔賜名甘谷堡。故時羌人入城貿易，皆儳邸，

〔註74〕《宋史》卷329〈王廣淵〉，第10609頁。
〔註75〕《宋史》卷471〈姦臣一·曾布〉，第13714頁。
〔註76〕《宋史》卷331〈羅拯〉，第10645～10646頁。
〔註77〕《宋史》卷311〈呂夷簡附呂公孺〉，第10215頁。
〔註78〕《宋史》卷332〈趙卨〉，第10684～10685頁。
〔註79〕《宋史》卷331〈楚建中〉，第10667頁。
〔註80〕《宋史》卷333〈俞充〉，第10702頁。

仲甫設館處之，陽示禮厚，實間之也。」〔註81〕對於控制夏人有其方略，但在任時間甚短。張詵知秦州時，整頓軍務甚力，「前此將吏貪功，多從羌地獵射，因起邊患。詵至，申令毋得犯，得一人，斬諸境上，羣羌感悅。」其後遷天章閣待制、知熙州，「董氈遣鬼章逼岷州，詵往討，董氈迎戰，破之於錯鑿城，斬首萬級。」〔註82〕可見其軍事才能相當傑出。

李承之、李肅之、蔡抗、蔡燁、孫坦、吳雍、蔡煜、蔡延慶、盧秉、趙濟等人，《宋史》無傳，事蹟不詳，故略而不論。

以上擔任陝西沿邊諸路與熙河路安撫使的文官中，傾向於舊黨、反對拓邊者有十人，傾向於新黨但無軍事才能者為九人，事蹟不詳者（可能也是無太多表現者）為十人，真正有軍事才能者為七人。且文官有任期，任滿即外調，故真能對軍事拓邊上有真正貢獻者，還是只有王韶與蔡挺。

## 二、邊將——种諤、高遵裕、劉昌祚

從治平四年神宗即位到元豐八年三月駕崩為止，任命的陝西沿邊與熙河路安撫使中，郭逵、种諤、劉昌祚、高遵裕、竇舜卿、苗授為武將，李憲為宦官。又武將任安撫使大多為原來文官調離、新任官員未到時的代理性質，只有治平四年郭逵任鄜延路、熙寧七年高遵裕任熙河路、元豐五年种諤任鄜延路、元豐六年劉昌祚任鄜延路、元豐四年苗授任熙河路、元豐六年李憲任涇原路是長期任職。關於宦官李憲，我們將留在下一節中進行討論。關於郭逵，已於本書第四章第四節作介紹，此人雖為武將，但個性偏向保守，對拓邊較為消極，反對王韶〈平戎策〉的計劃。至於苗授，雖為熙河路經略安撫使（知熙州），實為經制李憲的副手。〔註83〕因此，真正受到神宗重用，畀與一方者，只有种諤、高遵裕、劉昌祚三人，而此三人正為元豐四年五路伐夏中的三路統帥。我們現在對這三人作一介紹：

### （一）种諤

關於种諤的生平，本書已在第三章第一節中作了介紹。种諤之父种世衡，在仁宗宋夏戰爭時期即已在陝西立下卓著的戰功，种氏家族因此在陝西長期

---

〔註81〕《宋史》卷331〈馬仲甫〉，第10647頁。

〔註82〕《宋史》卷331〈張詵〉，第10649頁。

〔註83〕《長編》卷306，元豐三年七月戊寅條記載：「以知熙州苗授同經制熙河邊防財用」，第7442頁。當時經制熙河路邊防財用司的長官為李憲，見《長編》卷286，熙寧十年八月甲申，第6996頁。

發展。范仲淹在宋夏戰爭期間，為了對付西夏，曾以招撫籠絡羌人為手段。據
《長編》記載：

> 初，元昊反，陰誘屬羌為助，環慶酋長六百餘人約與賊為鄉導，後
> 雖首露，猶懷去就。仲淹至部，即奏行邊，以詔書犒賞諸羌，閱其
> 人馬，立條約：「雖已和斷，輒私報之及傷人者，罰羊百、馬二，已
> 殺者斬。負債爭訟，聽告官為理，輒質縛平人者，罰羊五十、馬一。
> 賊馬入界，追集不起，隨本族每戶罰羊二，質其首領。賊大入，老
> 幼入保本寨，官為給食，即不入寨，本家罰羊二，全族不至者，質
> 其首領。」諸羌受命悅服，自是始為漢用。〔註84〕

為了招撫羌人，范仲淹拔擢了在青澗城招撫羌人有功的种世衡，根據范仲淹所
撰〈東染院使种君墓誌銘〉的記載：

> 既而朝廷署故寬州為青澗城，授君內殿承制，知城事。復就遷供備
> 庫副使，旌其勞也。塞下多屬羌，向時漢官不能恩信，羌皆持兩端。
> 君乃親入部落中，勞問如家人，意多所周給，常自解佩帶與其酋豪
> 可語者。有得虜中事來告於我，君方與客飲，即取坐中金器以獎之。
> 屬羌愛服，皆願效死。〔註85〕

可見种世衡在知青澗城時，經常進行籠絡羌人的工作，籠絡的方式是「意多所
周給，常自解佩帶與其酋豪可語者」，也就是用金錢禮物收買的方式，維持與
羌人的關係。甚至，「有得虜中事來告於我君，方與客飲，即取坐中金器以獎
之」，也就是說，种世衡也利用收買的方式，向羌人探求有關西夏的情報。

不過，种世衡在知青澗城期間，其德行也有瑕疵之處。據司馬光《涑水記
聞》的記載：

> 洛苑副使、知青澗城种世衡，為屬吏所訟以不法事，按驗皆有狀。
> 鄜延路經略使龐公奏：「世衡披荊棘，立青澗城，若一一拘以文法，
> 則邊將無所措手足。」詔勿問。頃之，世衡徙知環州，將行，別龐
> 公，拜且泣曰：「世衡心腸鐵石也，今日為公下淚矣。」〔註86〕

可見种世衡也有不法之情事，只是在龐籍的力保之下，才得以無事。

然而，范仲淹因為深知种世衡的才能，所以在他擔任環慶路經略安撫招討

---

〔註84〕《長編》卷132，慶曆元年五月壬申，第3129頁。
〔註85〕范仲淹：《范文正公集》卷15〈東染院使种君墓誌銘〉，收於《范仲淹全集》
上冊，第355頁。
〔註86〕司馬光：《涑水記聞》卷9，第172頁。

使時，刻意延攬世衡：

> 慶曆二年春，予按巡環州，患屬羌之多，而素不為用，與夏戎潛連，助為邊患。乃召蕃官慕恩與諸族酋長，僅八百人，犒於廡下，與之衣物繒綵，以悅其意。又采忠順者，增銀帶馬，綏以旌之。然後諭以好惡，立約束四，俾之遵向。然悍猾之性，久失其馭，非智者處之，慮復為變。時青澗既完，人可循守，乃請於朝，願易君（种世衡）理環。朝廷方以青澗倚君，又延帥上言，人重其去，命予更擇之。予謂夏戎日夜誘吾屬羌，羌愛其類，益以外向，非斯人親之，不能革其心，朝廷始如其請。君既至環，安邊之利害，大要在屬羌難制，懼合夏戎為暴發之患。又地瘠穀貴，屯師為難。聚糧則力屈，損兵則勢危，斯急病也。君乃周行境內，入屬羌聚落，撫以恩意，如青澗焉。〔註87〕

在范仲淹的薦舉之下，种世衡升任環州知州。而种世衡也不負范仲淹之知遇，在招撫羌人方面，功績卓著。據《涑水記聞》記載：

> 有牛奴訛，素屈強，未嘗出見州官，聞世衡至，乃來郊迎。與世衡約，明日當至其帳，慰勞部落。是夕，雪深三尺，左右曰：「奴訛凶詐難信，且道險，不可行。」世衡曰：「吾方以信結諸胡，可失期邪？」遂冒雪而往。既至，奴訛尚寢，世衡蹴起之，奴訛大驚，曰：「吾世居此山，漢官無敢至者，公了不疑我邪？」帥部落羅拜，皆感激心服。〔註88〕

這是种世衡採用了「郭子儀單騎退回紇」的方式，以恩信服人，冒險深入羌人部落之中，得到羌人心悅誠服的例子。种世衡招撫羌人的手法，在知青澗城時，是「意多所周給，常自解佩帶與其酋豪可語者」，也就是用金錢禮物收買的方式，維持與羌人的關係。种世衡到了環慶路之後，招撫羌人的手段，大概也不脫此術，仍然是採用收買的方式。例如：

> 胡酋蘇慕恩部落最強，世衡皆撫而用之，嘗夜與慕恩飲，出侍姬以佐酒，既而世衡起入內，潛於壁隙窺之。慕恩竊與侍姬戲，世衡遽出掩之，慕恩慚惶請罪，世衡笑曰：「君欲之邪？」即以遺之。由是

---

〔註87〕范仲淹：《范文正公集》卷 15〈東染院使种君墓誌銘〉，收於《范仲淹全集》上冊，第 356 頁。

〔註88〕司馬光：《涑水記聞》卷 9，第 172～173 頁。

得其死力，諸部有貳者，使慕恩討之，無不克。〔註89〕

這是以女色引誘羌人酋長，使之為宋朝盡忠效力的例子。在种世衡的協助之下，范仲淹對羌人的招撫，也取得了相當大的成果。

此外，由於宋朝與西夏的戰爭屢遭敗績，對西夏僅能採取守勢，因此宋朝官員開始不斷派遣密使，以瞭解西夏的動態，並收買、招降西夏官員，希望西夏官員勸誘元昊向宋稱臣。當時宋軍將帥採取這種策略者甚多，《長編》記載：

> 元昊之貴臣野利剛浪淩、遇乞兄弟，皆有材謀，偽號大王，親信用事，邊臣多以謀間之。剛浪淩即旺榮也。……（龐籍）遂令知保安軍劉拯為書，略蕃部破醜使達旺榮，言旺榮方總靈、夏兵，倘陰圖內附，即當以西平茅土分冊之。而涇原路王沿、葛懷敏亦遣僧法淳持書及金寶以遺遇乞。〔註90〕

可見龐籍、王沿、葛懷敏都遣密使遊說西夏貴臣野利旺榮、野利遇乞兄弟。种世衡在知青澗城時，除了招撫羌人之外，亦從事收買西夏官員的活動。根據司馬光《涑水記聞》記載：

> 初，洛苑副使种世衡在青澗城，欲遣僧王嵩入趙元昊境為間，召與之飲，謂曰：「虜若得汝，考掠求實，汝不勝痛，當以實告邪？」嵩曰：「誓死不言。」世衡曰：「先試之。」乃縛嵩於庭，而掠之數百，嵩不屈，世衡曰：「汝真可也。」時元昊使其妻之兄弟、寧令之舅野利旺榮及剛浪淩，分將左右廂兵，最用事。世衡使嵩為民服，齎書詣旺榮，且遺之棗及畫龜。旺榮鎖嵩囚地牢中，且半歲所。會元昊欲復歸中國，而恥自言，乃釋嵩囚，使旺榮遺邊將書，遣教練使李文貴逆嵩還，曰：「鄉者种洛苑書，意欲更求通和邪？」邊將送文貴及嵩詣延州。時龐公為經略使，已奉朝旨招納元昊，始遣文貴往來議其事，奏嵩除三班借職。〔註91〕

种世衡遣王嵩遊說野利旺榮，結果以失敗告終，王嵩被囚，其後是因為元昊有意謀和，才將王嵩釋回。〔註92〕

---

〔註89〕司馬光：《涑水記聞》卷9，第173頁。

〔註90〕《長編》卷138，慶曆二年歲末，第3330頁。

〔註91〕司馬光：《涑水記聞》卷9，第175頁。

〔註92〕關於种世衡派遣王嵩遊說野利旺榮一事，李華瑞在《宋夏關係史》一書中考證甚詳。李華瑞認為，野利旺榮後為元昊所誅殺，實起因於西夏內部之政爭，與种世衡派遣密使之事無關。見該書第424～430頁。

　　即使遊說野利旺榮的行動失敗，种世衡對於向西夏派遣間諜，似乎十分感興趣。根據前引范仲淹〈東染院使种君墓誌銘〉的記載：「有得虜中事來告於我君，方與客飲，即取坐中金器以獎之」，可知种世衡在知青澗城時，即曾以金錢收買的方式，向羌人蒐集西夏的情報。由於羌人與西夏人同種，風俗語言類同，因此用羌人從事間諜活動，確有其便利之處。

　　种世衡至環慶路之後，協助范仲淹招撫諸羌，自然也會留心羌人中可以擔任間諜之人，並且繼續從事對西夏的間諜活動。據司馬光《涑水記聞》記載：

> 世衡嘗以罪怒一番落將，杖其背，僚屬為之請，莫能得。其人被杖已，奔趙元昊，甚親信之，得出入樞密院。歲餘，盡詗得其機事以歸，眾乃知世衡用以為間也。〔註93〕

此為种世衡利用「番落將」為間諜，以苦肉計探聽西夏情報之例。當時環慶路對西夏的間諜活動，似以招誘敵將歸降為重點工作，並且也取得了相當成果。例如：

> （慶曆二年五月）庚午，環慶招討司言西界偽團練使闹羅來降，乞補班行。詔除右班殿直。〔註94〕

當時的環慶路經略安撫招討使即為范仲淹。又如：

> （慶曆三年二月）癸亥，以西界內附偽觀察使楚羆裕勒囊為內殿崇班，其子威瑪為三班借職。〔註95〕

當時范仲淹已轉任陝西四路都部署、經略安撫兼緣邊招討使，環慶路經略安撫使已由滕宗諒接任。但是派遣間諜密使遊說楚羆裕樂囊歸降，應是在范仲淹掌管環慶路期間，而种世衡應該扮演了相當重要的角色。

　　由上可知，种世衡在招撫諸羌、刺探西夏軍情、誘降西夏官員等方面，居功甚多。范仲淹眼光獨到，拔擢种世衡為環州知州，不以小過而掩其才能，實為明智之舉。而种世衡也不負仲淹之期望，為國盡心盡力。不過，种世衡也因此積勞成疾，於慶曆五年正月病卒。《涑水記聞》記其事：

> 環、原之間，屬羌有明珠、滅臧、康奴三種最大，素號橫猾，撫之則驕不可制，攻之則險不可入，常為原州患。其北有二川，通於夏虜。二川之間，有古細腰城。慶曆四年，參知政事范文正公宣撫陝

〔註93〕司馬光：《涑水記聞》卷9，第174頁。
〔註94〕《長編》卷136，慶曆二年五月庚午，第3270頁。
〔註95〕《長編》卷139，慶曆三年二月癸亥，第3355頁。

西，命世衡與知原州蔣偕共城之。世衡先遣人說誘夏虜，以故未及
出兵爭之。世衡以錢募戰士，晝夜板築，旬月而成。乃召三種酋長，
諭以官築此城，為汝禦寇。三種既出其不意，又援路已絕，因而服
從。世衡在役所得疾，明年正月甲子卒，屬羌朝夕聚哭其柩者數日。
青澗、環州吏民及屬羌皆畫像事之。〔註96〕

种世衡在慶曆四年修築古細腰城，使得明珠、滅臧、康奴三部降服於宋朝。但
世衡也在次年病卒。种世衡死後，范仲淹曾在祭文中痛悼國失良才：

西戎入寇兮，邊臣共沮。君從邊事兮，獨立不懼。營故寬州兮，一
日百堵。鑿山出泉兮，兵民鼓舞。叛我者攻兮，服我者撫。延安東
北兮，俗康財阜。伊余知君兮，屢以才舉，改環之麾兮，禦彼外侮。
萬餘族落兮，貪豺狡鼠。畏如神明兮，愛如慈父。朝廷倚之兮，一
方柱礎。忽焉長往兮，葬于雪杜。君子憂邊兮，尚有胡虜。伊余追
念兮，心之酸苦。焉得邊帥之盡如君兮，守此西土。〔註97〕

世衡對於招撫羌人，甚為成功，並且真正做到了鞠躬盡瘁，死而後已。

到了英宗時期，种世衡之子种諤成為鎮守陝西的种家第二代名將。治平
四年神宗初即位，即與邊臣往來，傳達指令，以指揮軍事事務。邊將种諤出
兵佔領西夏的綏州，當時文官紛紛上書彈劾种諤擅興之罪。官員楊繪上奏：
「切聞高遵裕詐傳聖旨，與种諤等納西夏叛人首領近三十人，仍深入虜界地
名綏州，築城以居之。……為今計者，莫若貶謫其矯制擅興之罪，以正典刑。」
〔註98〕官員劉述亦上奏：「臣切聞趙瞻勘到种諤詐稱得密旨，擅發兵馬城綏
州公案，……夫矯制發兵，人臣之罪無大；懷奸罔上，國家之法不容。」〔註
99〕种諤、高遵裕幾乎背上了「詐傳聖旨」、「矯制發兵」的罪名，實際上，种
諤並非詐傳聖旨，而是收到了神宗的命令。據《宋史·高遵裕傳》記載：「橫
山豪欲向化，帝使遵裕諭种諤圖之，諤遂取綏州。」〔註100〕其後，神宗向官
員侯可詢問對此事的看法，侯可亦說道：「种諤奉密旨取綏而獲罪，後何以使

---

〔註96〕司馬光：《涑水記聞》卷9，第174頁。
〔註97〕范仲淹：《范文正公集》卷11〈祭知環州种染院文〉，收於《范仲淹全集》上
　　　　冊，第272～273頁。
〔註98〕楊繪：〈上神宗論种諤擅入西界〉，收於趙汝愚：《宋朝諸臣奏議》（上海：上海
　　　　古籍出版社，1999年）卷137，第1533頁。
〔註99〕劉述：〈上神宗論种諤薛向〉，收於趙汝愚：《宋朝諸臣奏議》卷137，第1533
　　　　～1534頁。
〔註100〕《宋史》卷464〈外戚中·高遵裕傳〉，第13575頁。

人？」﹝註101﹞可見种諤是透過高遵裕得到神宗的旨意。宋神宗授意种諤攻佔綏州的作法，是否違背宋朝以來的政治傳統？

宋朝開國以來，太祖、太宗皆採「將從中御」的作法，即皇帝直接指揮前線將帥進行作戰。田志光指出：宋太宗時與遼、夏作戰，為了對軍隊進行有效控制，以維護宋朝的統一與穩定，開始實行「將從中御」的政策，授予出征將帥應對謀略、攻守計畫，或授以「陣圖」以指揮前線將帥作戰，但是宋太宗朝「將從中御」政策施行效果並不盡理想。﹝註102﹞范學輝更指出：宋太祖時從平時禁軍的訓練調動和將校任免，到戰時御駕親征或居中遙控，都證明「將從中御」從宋太祖時已開始，並且為鞏固北宋政權取得了良好效果。但宋太宗對遼戰爭時，仍然機械地照搬「將從中御」的作法，導致宋軍在對遼戰爭中的慘敗。﹝註103﹞因此，宋神宗對邊臣將帥的直接指揮與書信往來，在宋朝本非特例。然而，太祖、太宗的「將從中御」，指的是軍隊訓練與作戰調度等具體的軍事細節，對於是否要發動戰爭等重大決策，還是要與宰相、樞密使等大臣商議的，本文前面所舉太祖用樞密使吳廷祚之言討伐李筠，征李重進時問計於樞密副使趙普，平後蜀時採納樞密使李崇矩的建議盡釋兩川賊黨妻子，即為顯例。

宋神宗與种諤討論收復綏州的計畫，其他文武官員皆不知情，故在种諤佔領綏州之後，官員們才會指責种諤詐傳聖旨、擅自調動兵馬。因此，宋神宗特殊之處，在於他在進行發動戰爭等重大軍事決策時，只與邊臣將帥商議，而宰相、樞密使皆不與聞，使得樞密院失去了提供建議、參與決策的作用。而邊將种諤，則是向宋神宗提供軍事意見的重要管道之一。

## （二）高遵裕

高遵裕的祖父為北宋名將高瓊，﹝註104﹞高瓊出身於宋太宗趙光義之幕府，

---

﹝註101﹞ 《宋史》卷335〈种世衡傳附种諤傳〉，第10746頁。

﹝註102﹞ 田志光：〈宋太宗朝「將從中御」政策施行考：以宋遼、宋夏間著名戰役為例〉，《軍事歷史研究》2011年第2期，第101～107頁。

﹝註103﹞ 范學輝：〈「將從中御」始于宋太祖考〉，《安徽師範大學學報（人文社會科學版）》2006年第1期，第20～23頁。

﹝註104﹞ 關於高瓊的研究，參見劉學峰：〈北宋高瓊家族初探〉，《巢湖學院學報》2003年第1期，第54～58頁。韋祖松：〈高瓊與「澶淵之盟」〉，《青海師範大學學報（哲學社會科學版）》2005年第3期，第60～64頁。韋祖松、張其凡：〈簡論高瓊澶淵之功〉，《歷史教學》2005年第10期，第65～67頁。韋祖松：〈論北宋安徽名將高瓊〉，《安徽師範大學學報（人文社會科學版）》2006年第1

「以材勇事太宗於潛邸」，宋太宗即位後，任命高瓊為御龍直指揮使，「從征太原，命押弓弩兩班合圍攻城」，在征北漢的戰爭之中立下戰功。太宗滅北漢後，繼續北征幽薊，與遼國發生戰爭。高梁河之戰宋軍戰敗，「太宗倍道還京師，留瓊與軍中鼓吹殿後，六班扈從不及，惟瓊首帥所部見行在，太宗大悅，累遷侍衛步軍都指揮使，領歸義軍節度使，移鎮保大。」〔註105〕高瓊在高梁河宋軍大敗之際，率軍殿後，又首先率部保衛逃難中的太宗，因此受到太宗的信任，升遷至三衙禁軍統帥之一的侍衛親軍步軍都指揮使。然而，高瓊對宋朝最大的功績，卻是在宋真宗澶淵之役：

> 景德初，契丹入寇，大臣有欲避狄江南、西蜀者，寇準不可，諸將中獨瓊與準意同。準既力爭之，真宗曰：「卿文臣，豈能盡用兵之利？」準曰：「請召高瓊。」瓊至，乃言避狄為便，準大驚，以瓊為悔也。已而徐言避狄固為安全，但恐扈駕之士，中路逃亡，無與俱西南者耳。真宗乃大驚，始決北征之策。真宗既親征，時前軍已與契丹戰，或有勸真宗南還者，瓊因言契丹師眾已老，陛下宜親臨觀兵，督其成功，真宗嘉其言，即幸澶州南城。瓊固請度河，真宗從之，至浮橋，駐輦未進，瓊乃執撾築輦夫背曰：「何不亟行？今已至此，尚何疑？」真宗乃命進輦。既至，登北門城樓，張黃龍旗，城下將士皆呼萬歲，氣勢百倍。會契丹大將撻覽中弩死，契丹遂退。〔註106〕

高瓊在契丹南侵、宋朝危急之際，與寇準一起建議真宗親征，由於寇準是文官，所言尚不為真宗所信；而曾經身經大戰的武將高瓊，其建議更可取得真宗的信任，可見高瓊在真宗親征的決策過程中，扮演了重要角色。其後真宗又有猶豫動搖的想法，但屢為高瓊所勸止，促使真宗親赴澶州北城。「真宗既渡河，遂幸澶淵之北門。望見黃蓋，士氣百倍，呼聲動地。兵既接，射殺其帥順國王撻覽，虜懼，遂請和。」〔註107〕宋朝最後與契丹簽訂澶淵之盟，開啟宋遼間百餘年的和平。學者韋祖松認為當時宋之戰略形勢頗有可為，若真宗親臨前線，則河北諸軍士氣益壯，大有勝遼之望，親征澶州應是最佳選擇，高瓊則是促其

---

　　　　期，第 24～28 頁。李鮮：〈宋史高瓊傳考證〉，《許昌學院學報》2014 年第 3
　　　　期，第 87～88 頁。
〔註105〕王稱：《東都事略》卷 42〈高瓊傳〉，第 330 頁。
〔註106〕王稱：《東都事略》卷 42〈高瓊傳〉，第 330～331 頁。
〔註107〕陳師道：《後山談叢》（北京：中華書局，2007 年）卷 1，第 20 頁。

實現的關鍵性人物。〔註108〕

　　高瓊卒於景德三年（1006）十二月，〔註109〕其子有繼勳、繼宣、繼忠、繼密、繼和、繼隆、繼元諸人。〔註110〕長子繼勳於真宗時曾參與平定益州王均的叛亂，繼勳子遵甫，遵甫之女即為英宗高皇后。〔註111〕高瓊次子為高繼宣，宋仁宗時西夏元昊稱帝，宋夏戰爭爆發，繼宣以捧日天武四廂都指揮使、恩州團練使的身份知并州，與西夏作戰，「進屯府谷，間遣勇士夜亂賊營。又募黥配廂軍，得二千餘人，號清邊軍，命偏將王凱主之。軍次三松嶺，賊數萬眾圍之，清邊軍奮起，斬首千餘級。其相蹴藉死者不可勝計。」〔註112〕然而當時宋夏戰爭的主戰場在陝西環慶、鄜延、涇原等路，并州在河東路，屬次要地區，故高繼宣對戰局影響並不大。高繼宣之子，即為高遵裕，王稱《東都事略》記載：

　　　　遵裕字公綽，繼宣子，以父任為三班借職，稍遷供備庫副使、鎮戎軍駐泊都監。夏人寇大順城，諒祚中矢引去。會英宗崩，遵裕告哀，抵宥州下宮，夏人遣王盥受命，至則吉服廷立，遵裕切責之，遂易服聽遺命。既而具食上宮，語及大順城事，盥曰：「剽掠輩耳。」遵裕曰：「扶傷而遁者，非若主邪？」夏人怒曰：「王人蔑視下國，弊邑雖小，控弦數十萬，亦能躬執橐鞬，與君周旋。」遵裕瞋目叱之。

　　　　時諒祚覘於屏間，搖手使止。神宗聞而嘉之，擢知保安軍。〔註113〕

可見高遵裕是因父親高繼宣的恩蔭而任官，與英宗高皇后（神宗時的高太后）沒有太大的關係。英宗治平四年（1067）時，高遵裕的官職為供備庫副使、鎮戎軍駐泊都監，同時期的种諤「以父任累官左藏庫副使，延帥陸詵薦知青澗城」〔註114〕，按照當時宋朝武選官的階級，左藏庫副使為「諸司副使」的第5階，

〔註108〕　韋祖松：〈論北宋安徽名將高瓊〉，《安徽師範大學學報（人文社會科學版）》
　　　　　　2006年第1期，第27頁。
〔註109〕　《宋史》卷7〈真宗紀二〉，第132頁。
〔註110〕　《宋史》卷289〈高瓊傳〉，第9694頁。劉學峰根據王珪《華陽集》卷36所
　　　　　　收〈衛武烈王高瓊決策靖難顯忠基慶之碑〉，考證高瓊之子還有繼倫、繼苟、
　　　　　　繼芳、繼融、繼豐、繼敏、繼昌。參見劉學峰：〈北宋高瓊家族初探〉，《巢湖
　　　　　　學院學報》2003年第1期，第56頁。
〔註111〕　《宋史》卷289〈高瓊附高繼勳傳〉，第9694～9696頁。
〔註112〕　《宋史》卷289〈高瓊附高繼宣傳〉，第9697頁。
〔註113〕　王稱：《東都事略》卷42〈高瓊附高遵裕傳〉，第332頁。
〔註114〕　《宋史》卷335〈种世衡附种諤傳〉，第10745頁。

供備庫副使為「諸司副使」的第 20 階，〔註 115〕可見當時种諤的官階略高於高遵裕。在元豐四年靈州之役時，种諤「遷東上閤門使、文州刺史、知涇州，徙鄜延副總管」，〔註 116〕高遵裕則於「以功進團練使、龍神衛都指揮使，知熙州。……元豐四年，復知慶州。」〔註 117〕种諤的官階為東上閤門使、文州刺史，屬於遙郡刺史，高遵裕則為正任團練使，在官階上高遵裕高於种諤；實際職務上，种諤從知涇州升為鄜延路馬步軍副總管，高遵裕則在元豐四年時知慶州（同時兼任環慶路經略安撫使、馬步軍都總管），高遵裕的實際職位也略高於种諤。大體看來，种諤、高遵裕二人由治平四年到元豐四年約 15 年的時間中，各自立有戰功，在官階與職務上互有高低，但差距不大，看不出高遵裕挾外戚的身份而特別飛黃騰達。

高遵裕無法以外戚的身份飛黃騰達，另一方面也取決於英宗高皇后對外戚的節制與壓抑。《宋史》記載：

> 后弟內殿崇班士林，供奉久，帝欲遷其官，后謝曰：「士林獲升朝籍，分量已過，豈宜援先后家比？」辭之。神宗立，尊為皇太后，居寶慈宮。帝累欲為高氏營大第，後不許。久之。但斥望春門外隙地以賜，凡營繕百役費，悉出寶慈，不調大農一錢。〔註 118〕

高后為了避嫌，拒絕了英宗為其弟高士林升遷的建議。神宗即位後，又一度拒絕了神宗為高氏家族營建邸舍的建議，最後雖同意興建邸舍，但費用由高后自行負擔。可見高后為了避嫌，連自己親弟弟的升遷都予以婉拒，高遵裕為高后的堂叔父，血緣更為疏遠，自然更難從中得到利益。

另外，高后對政治的態度也值得加以考慮，神宗死後，哲宗即位，高后以哲宗祖母的身份，成為高太皇太后，並因哲宗年幼而攝政。高太皇太后對於神宗的新政新法採排斥的態度，「凡熙寧以來政事弗便者，次第罷之。於是以常平舊式改青苗，以嘉祐差役參募役，除市易之法，追茶鹽之禁，舉邊砦不毛之地以賜西戎，而宇內復安。」〔註 119〕可見高后對於神宗的財經改革、西北拓邊採否定的態度，因此，高后對於在西北拓邊中追求表現的高遵裕，自然不會給予過多的關照。

---

〔註 115〕參見龔延明：《宋代官制辭典》，第 693 頁。
〔註 116〕《宋史》卷 335〈种世衡附种諤傳〉，第 10746 頁。
〔註 117〕《宋史》卷 464〈外戚中・高遵裕傳〉，第 13576 頁。
〔註 118〕《宋史》卷 242〈后妃上・英宗宣仁聖烈高皇后〉，第 8625 頁。
〔註 119〕《宋史》卷 242〈后妃上・英宗宣仁聖烈高皇后〉，第 8626 頁。

　　在王稱《東都事略》之中，高遵裕附於高瓊的傳記之後；而在《宋史》之中，高遵裕則被列入〈外戚傳〉。本人認為《東都事略》的作法較《宋史》更為合理。高遵裕雖然具有武將世家與外戚的雙重身份，但他出身武將世家的背景，顯然高過外戚的身份。《宋史》之所以作此一修改，可能是源自於徽宗時期的「元祐黨人碑」，將高遵裕列在元祐黨人的「餘官」項目之下。〔註120〕高遵裕於神宗時期在西北拓邊中有許多表現，但卻被視為舊黨，名列元祐黨人碑，其原因正是因為他的外戚身份，因此才與高太皇太后共同列入舊黨陣營。此後高遵裕的外戚身份被不斷放大檢視，才導致《宋史》將高遵裕列入〈外戚傳〉之中。

　　雖然高遵裕並未因外戚的身份而得到特殊的升遷，但還是受到神宗特別的信任。治平四年英宗崩，神宗即位後，發生了种諤攻取綏州的事件，「橫山豪欲向化，帝使遵裕諭种諤圖之，諤遂取綏州。帥怒諤擅發兵，欲正軍法，諤懼，稱得密旨於遵裕，故諤被罪，遵裕亦降為乾州都監。」〔註121〕在朝廷官員的彈劾之下，种諤、高遵裕遂以矯制擅興之罪被貶官。但新即位的神宗，「知祖宗志吞幽薊、靈武，而數敗兵，帝奮然將雪數世之恥。」〔註122〕种諤、高遵裕積極拓邊的態度，與神宗意欲開將拓土的觀點不謀而合。因此，在短暫的貶謫之後，高遵裕又受到了重用。

　　熙寧元年，王韶上〈平戎策〉，主張「國家必欲討平西賊，莫若先以威令制服河湟；欲服河湟，莫若先以恩信招撫沿邊諸族。」〔註123〕神宗同意了王韶的建議，「用王韶復洮、隴，命為秦鳳路沿邊安撫，以遵裕副之。」〔註124〕神宗用王韶為秦鳳路沿邊安撫使，卻以高遵裕為副使，其原因在於王韶為文官出身，不諳軍旅事務，因此神宗以武將世家出身的高遵裕輔佐之，以達成經略河湟的軍事使命，從此我們也可看出神宗對高遵裕的信任。

　　王韶與高遵裕受命之後，奏請將古渭砦升格為通遠軍，又攻佔武勝城，改置為鎮洮軍，其間高遵裕經常對於王韶的軍事計畫，提出不同看法，王韶若不採納，往往導致行動失利：

---

〔註120〕黃以周等輯注：《續資治通鑑長編拾補》（北京：中華書局，2004年）卷24，崇寧三年六月甲辰，第813頁。
〔註121〕《宋史》卷464〈外戚中·高遵裕傳〉，第13575頁。
〔註122〕《宋史》卷16〈神宗紀三〉，第314頁。
〔註123〕黃淮、楊士奇等編：《歷代名臣奏議》卷329，第4263頁。
〔註124〕《宋史》卷464〈外戚中·高遵裕傳〉，第13575頁。

韶欲取河州，遵裕曰：「古渭舉事，先建堡砦，以漸而進，故一舉拔武勝。今兵與糧未備，一旦越數舍圖人之地，使彼阻要害，我軍進退無所矣。」韶與李憲笑曰：「君何遽相異邪？」檄使守臨洮。韶攻河州，果不克。帝善遵裕議，令專管洮、岷、疊、巖未款附者。〔註125〕可見高遵裕的軍事素養對王韶開邊有非常重要的作用。至熙寧五年（1072）十月，「升鎮洮軍為熙州鎮洮軍節度，置熙河路」〔註126〕，熙河路的設置，象徵王韶西北開邊的初步成果。而宋神宗以「韶帥熙河，徙遵裕為總管」〔註127〕，以王韶為熙河路經略安撫使，卻不按照常例由王韶兼任熙河路馬步軍都總管，而由高遵裕擔任都總管一職，顯然也是考量王韶為文官出身，不曉兵事，故實際指揮兵馬的都總管一職由武將出身的高遵裕擔任，較為適當。

熙寧六年（1073），高遵裕隨王韶攻取岷州，〔註128〕七年（1074）十二月，「觀文殿學士、兼端明殿學士、龍圖閣學士、禮部侍郎、知熙州王韶為樞密副使，……岷州團練使、知岷州高遵裕為龍神衛四廂都指揮使，知熙州」〔註129〕，王韶調任為樞密副使，高遵裕則正式成為熙河路經略安撫使，使得高遵裕的仕宦生涯，達到了最高峰。按宋朝慣例，安撫使通常兼任都總管，由文官擔任，武將只能做到副總管，〔註130〕而身為武將的高遵裕竟能突破常規，擔任熙河路安撫使，除了熙河路特殊的軍事地位之外，高遵裕多年來輔佐王韶的稱職表現也是重要原因。

然而高遵裕不久即在官場上遇到挫折，高遵裕「坐薦張穆之為轉運使，而穆之有罪，罷知潁州。未幾，徙慶州，又坐事黜知淮陽軍。元豐四年，復知慶州。」〔註131〕高遵裕兩度被罷，又兩度擔任知慶州（兼環慶路經略安撫使），證明高遵裕既有軍事才能，也深得宋神宗之信任，即使短期因事被貶，也很快重獲重用。

### （三）劉昌祚

劉昌祚字子京，真定人。父劉賀，在仁宗宋夏戰爭時期戰沒於定川。劉昌

〔註125〕《宋史》卷464〈外戚中・高遵裕傳〉，第13575～13576頁。
〔註126〕《宋史》卷15〈神宗紀二〉，第282頁。
〔註127〕王稱：《東都事略》卷42〈高瓊附高遵裕傳〉，第332頁。
〔註128〕王稱：《東都事略》卷42〈高瓊附高遵裕傳〉，第332頁。
〔註129〕《長編》卷258，熙寧七年十二月丁卯，第6293～6294頁。
〔註130〕參見趙冬梅：《文武之間：北宋武選官研究》（北京：北京大學出版社，2010年），第209～210頁。
〔註131〕《宋史》卷464〈外戚中・高遵裕傳〉，第13576頁。

祚因父蔭錄為右班殿直，掌管秦州威遠砦。青唐人常聚兵鹽井，經年不散。劉昌祚奉命往詰之，青唐諸酋曰：「聞漢家欲取吾鹽井。」昌祚曰：「國家富有四海，何至與汝爭此邪？」與酋俱來，犒賚之，歡然帥眾去。其後劉昌祚遷西路都巡檢。曾出使遼國，神宗臨試馳射，授通事舍人。西夏進犯劉溝堡，劉昌祚領騎二千出援。西夏伏萬騎於黑山，而偽裝敗逃，企圖引誘宋軍，劉昌祚與西夏大軍相遇，戰況激烈，劉昌祚抽矢射箭，射殺西夏將領，西夏軍因而遁走。安撫使李師中上其功曰：「西事以來，以寡抗眾，未有如昌祚者。」其後劉昌祚知階州，討平毌家等族，又平疊州。轉作坊使，為熙河路都監。又從宦官王中正入蜀，破篳篥羌。加皇城使、榮州刺史、秦鳳路鈐轄，又加西上閤門使、果州團練使，知河州。元豐四年，為涇原副都總管。〔註132〕

　　從上面的記載可以看出，劉昌祚長期在邊境任職，戰功彪炳，但為人寬厚（不與青唐人爭鹽井），也未曾提出積極建功立業的拓邊計劃，可以算是一個謹守本分的軍人。但在宋神宗心目中的地位，似乎並不如种諤與高遵裕。

　　由前一節中，我們看到了神宗對樞密院長貳，大多採取疏離的態度。因此，宋神宗要聽取軍事建議，只能依賴邊境地區的邊臣與將帥，將能夠配合自己看法的官員放在邊境，透過親自指揮的方式，執行其意圖。但大多數陝西沿邊與熙河路的安撫使，不是因循守舊反對拓邊，就是缺乏軍事才能，真正能為神宗重視與長期重用者，大概只有王韶、种諤與高遵裕。關於王韶的生平，參見本書第三章第二節。熙寧元年王韶向神宗上奏〈平戎策〉之後，神宗任命王韶為「管幹秦鳳經略司機宜文字」〔註133〕，從而開始王韶經略河湟的行動。我們可以看出，神宗接受了地方官員王韶的建議，制定軍事決策。隨著王韶在河湟的軍事行動不斷取得進展，熙寧五年「分熙、河、洮、岷州、通遠軍為一路，置馬步軍都總管、經略安撫使。……知通遠軍、右正言、集賢殿修撰王韶為龍圖閣待制、熙河路都總管、經略安撫使兼知熙州。」〔註134〕王韶經略西北的計劃取得了重大成果，設置了熙河路，似乎代表這種繞過樞密院而與邊臣討論軍事的模式得到成功。

　　於是，神宗在許多軍事決策方面，越來越倚重邊臣的意見，與邊臣討論軍事事務逐漸成為神宗決策的重要模式。《宋史·呂公弼傳》記載：

〔註132〕《宋史》卷349〈劉昌祚傳〉，第11053～11054頁。
〔註133〕《宋史》卷328〈王韶傳〉，第10579頁。
〔註134〕《長編》卷239，熙寧五年十月戊戌，第5818～5819頁。

議者欲併環慶、鄜延為一路，公弼曰：「自白草西抵定遠，中間相去
千里，若合為一路，猝有緩急，將何以應？」又欲下邊臣使議之，
公弼曰：「廟堂之上不處決，而諉邊吏，可乎？」乃止。〔註135〕

有人建議將陝西的環慶、鄜延兩帥司路合併為一路，樞密使呂公弼反對，但神
宗又希望「下邊臣使議之」，最後為呂公弼所阻止。此事雖然未成，我們也可
以看出「邊臣」的意見，是宋神宗軍事決策的重要參考。

# 第三節　宦官

　　中國歷史上的宦官之禍，以漢、唐、明三朝為盛，其中唐朝的宦官因掌握
兵權，甚至得以廢立皇帝，因此為患最烈。宋代開國之後，鑒於前代之禍，對
於宦官的防範較為嚴格。然而宦官作為皇帝親近信任之人，仍然參與政治與軍
事事務，宦官對宋代政治的影響，並未完全絕跡。宋神宗為了進行西北拓邊，
對於宦官也加以重用，甚至委以邊帥之寄。

## 一、北宋用宦官為將的原因

　　唐代宦官之禍甚烈，宋人常引為殷鑑。尤其唐代後期禁軍神策軍掌握於
宦官之手，左右神策護軍中尉與內樞密使二人合稱「四貴」〔註136〕，甚至得
以廢立皇帝，因此相傳宋太祖時已有不准宦官掌兵的「祖宗家法」。《邵氏聞
見錄》記載：「祖宗開國所用將相皆北人，太祖刻石禁中曰：後世子孫無用南
士作相，內臣主兵。」〔註137〕宋代士大夫對於宦官掌兵，反對尤為激烈。例
如宋英宗時，侍御史趙瞻上疏說道：「英斷獨化，人主至權也。審至權者，當
主以天下之大公，揆以天下之正論，如是而後權可一也。若夫積久之敝，陛
下其思焉。……兵柄宜削諸宦官，邊議宜付諸宿將。蓋權不可矯而為也，以
從天下之望耳。」其後，英宗遣內侍王昭明等四人為陝西諸路鈐轄，招撫諸
部。趙瞻以唐用宦者為觀軍容、宣慰等使，後世以為至戒，勸英宗宜追還內
侍，責成守臣，「章三上，言甚激切。……力言追還昭明等，英宗改容，納其
言。」〔註138〕

---

〔註135〕《宋史》卷311〈呂夷簡附呂公弼傳〉，第10213頁。
〔註136〕孫逢吉：《職官分紀》卷12〈樞密使〉，第288頁。
〔註137〕邵伯溫：《邵氏聞見錄》（北京：中華書局，1983年）卷1，第4頁。
〔註138〕《宋史》卷341〈趙瞻傳〉，第10877～10878頁。

然而，北宋時期的皇帝仍繼續任用宦官監軍，甚至付以將帥之任。如宦官竇神寶於太宗征北漢時，「從征太原，擐甲登城，中流矢，稍遷入內高品，監并州戍兵。」其後「李繼遷入寇，與慕容德豐襲破其堡砦，焚帳幕，獲人畜數萬計。」真宗時「出為高陽關鈐轄，徙貝、冀巡檢。」〔註139〕王繼恩於太宗時「率師屯易州」又為天雄軍駐泊都監、鎮定高陽關三路排陣鈐轄。「李順亂成都，命為劍南兩川招安使，率兵討之。」〔註140〕李神祐「乾德五年（923），征太原，負御寶從行。開寶二年（969），又從征太原。」太宗時「率兵屯定州以備契丹」，又為靈、環排陣都監，真宗時任邠州都監、天雄軍都監。〔註141〕劉承規於太宗時討平泉州土寇，出為鄜延路排陣都監，真宗時「詢承規西事，請益環州木波鎮戍兵，以為諸路之援，從之。」〔註142〕秦翰於太宗時任靈環慶州、清遠軍四路都監，真宗時任鎮定高陽關排陣都監、鎮定高陽關前陣鈐轄、邠寧涇原路鈐轄兼安撫都監、邢洺路鈐轄、涇原儀渭鈐轄等軍職。〔註143〕張崇貴太宗時任靈環慶州、清遠軍路監軍，又為排陣都監，真宗時管勾鄜延屯兵，泊延安，改駐泊都監，又為鈐轄。〔註144〕張繼能太宗時任高陽鎮定路先鋒都監、涇原儀渭都巡檢使，真宗時任靈環十州軍兵馬都監兼巡檢安撫使，咸平三年（1000）因四川王均之亂，命繼能為川峽兩路招安巡檢使，其後改任邠寧駐泊都監，景德四年（1007）宜州卒陳進為亂，又以繼能為廣南西路安撫副使。〔註145〕可見太祖、太宗、真宗時期，宦官為將的例子甚多，丁義珏認為太宗以王繼恩為劍南兩川招安使，是嘗試給宦官更多作戰的機會，但王繼恩行事苛急，不得士心，甚至引起譁變，因此平蜀之後，「此後的近八十年時間，我們看不到在以宦官為主帥，而宦官在統兵系統中的位置得以固定，亦即在行營中至多任鈐轄、都監等職位。」〔註146〕實際上，宦官統兵的職務雖以鈐轄、都監為常見，但真宗時亦有擔任路級正副長官者，如前述張繼能為川峽兩路招安巡檢使、廣南西路安撫副使。

〔註139〕《宋史》卷466〈宦者一·竇神寶傳〉，第13600～13601頁。
〔註140〕《宋史》卷466〈宦者一·王繼恩傳〉，第13602～13603頁。
〔註141〕《宋史》卷466〈宦者一·李神福附神祐傳〉，第13606～13607頁。
〔註142〕《宋史》卷466〈宦者一·劉承規傳〉，第13608頁。
〔註143〕《宋史》卷466〈宦者一·秦翰傳〉，第13612～13613頁。
〔註144〕《宋史》卷466〈宦者一·張崇貴傳〉，第13618頁。
〔註145〕《宋史》卷466〈宦者一·張繼能傳〉，第13620～13621頁。
〔註146〕丁義珏：《北宋前期的宦官：立足于制度史的考察》，北京大學博士論文，2013年，第117～118頁。

　　宋朝的文官對於宦官掌兵一事自然非常反感，甚至將軍事上的失敗歸罪於宦官。王闢之《澠水燕談錄》曾記載：「西鄙用兵，大將劉平死之，議者以朝廷使宦者監軍，主帥節制有不得專者，故平失利，詔誅監軍黃德和。或乞罷諸率監軍。」〔註147〕然而為何宋朝仍用宦官掌握兵柄？原因之一，在於武將家族勢力盤根錯節，非有天子親信，無法制衡其勢力。北宋太祖雖「杯酒釋兵權」，但武將家族仍在軍隊中擁有甚大的影響力，例如高瓊家族、种世衡家族、折氏家族、綏州高文岯家族等。〔註148〕神宗時五路伐夏，五路統帥中李憲、王中正為宦官，高遵裕、种諤、劉昌祚皆出身武將之家，可見武將世家勢力之廣。仁宗時雖以文臣為安撫使兼都部署，武將最高僅能官至副都部署，但文臣大多不黯軍事，且有任期，流動性強，故須任用具有軍事素養之宦官統兵，以制衡武將勢力。

　　其次，宋朝宦官本身亦具有相當的軍事素養，丁義珏指出：內侍省、入內內侍省）只統轄本省東頭供奉官以下的宦官，官階升至內殿崇班以上的宦官，轉歸外朝的樞密院管理，加強了宦官的官僚屬性，弱化了內臣與外官的區隔。〔註149〕歐陽修《歸田錄》記載：「曹侍中（按：曹利用）在樞府，務革僥幸，而中官尤被裁抑。」〔註150〕可見樞密院確有管理宦官之權。由於宦官轉歸樞密院管理，差遣的注擬上也比照外朝武官，因此宦官得以擔任各類軍職，磨練其軍事能力。相對來說，外朝武官本身的軍事素養亦參差不齊，除少數出身武官家族者有家學門風的傳承之外，多數武官出身恩蔭乃至納粟買官，且任官後未必專一擔任軍事職務，《宋史》記載：「凡三班院（按：北宋前期負責下級武官的銓選機構），二十（歲）以上聽差使，初任皆監當，次任為監押、巡檢、知縣。」〔註151〕所謂監當官，係指宋代政府中的基層行政事務官，種類繁多，

〔註147〕王闢之：《澠水燕談錄》（北京：中華書局，1981年），第15頁。
〔註148〕關於北宋的武將家族，參見何冠環：《北宋武將研究》（香港：中華書局，2003年）。陳峰：《北宋武將群體與相關問題研究》（北京：中華書局，2004年）。曾瑞龍：《北宋种氏將門之形成》（香港：中華書局，2010年）。劉學峰：〈北宋高瓊家族初探〉，《巢湖學院學報》2003年第1期，第54～58頁。薛正昌：〈府州折氏家族析論〉，《西夏研究》2019年第1期，第38～41頁。高建國：〈北宋府州折氏與党項族的關係──兼論唐末五代時期陝北地區的民族變遷〉，《西北民族論叢》2017年第2期，第137～150、420～421頁。蘇俊芳：〈北宋武將高繼嵩神道碑考釋〉，《西夏研究》2016年第3期，第84～89頁。
〔註149〕丁義珏：《北宋前期的宦官：立足于制度史的考察》，第29頁。
〔註150〕歐陽修：《歸田錄》（北京：中華書局，1981年），第13頁。
〔註151〕《宋史》卷158〈選舉四・銓法上〉，第3695頁。

如監茶鹽酒稅、監場務、監門、監倉等，〔註152〕可見武官入仕後多先擔任負責茶鹽酒專賣或徵收商稅及其他雜務的監當官，再升任帶兵官，職事不專，與宦官相比，未必更具有軍事專業素養。

此外，宋神宗任用王安石進行變法，並積極拓邊西北，設置熙河路，舊黨文官大多反對，故文臣統兵有其困難，須以宦官為將，與武將並立，才能收制衡控制之效。因此，宋神宗時期，對任用宦官為將又更進一步，一改北宋前期任命宦官擔任路級正副軍事長官僅偶爾為之的作法，在西北拓邊的軍事行動當中開始重用宦官。

## 二、李憲的軍事表現

李憲是宋神宗元豐四年（1081）五路伐夏的統帥之一。李憲字子範，開封祥符人。宋仁宗皇祐年間補入內黃門，稍遷供奉官。神宗即位後，歷永興、太原府路走馬承受。〔註153〕所謂走馬承受，即「走馬承受公事」，設於各路轉運司（後改安撫司），負責監督本路將帥，按察邊防及州郡不法之事，甚至地方人物事情，無論巨細，皆得風聞言事，每年一次赴闕奏事，如有緊急事故，可隨時馳驛上聞。〔註154〕李憲透過擔任走馬承受公事一職，得以逐漸熟悉官僚體系之運作。當時神宗銳意開邊，李憲「數論邊事，合旨」，熙寧元年（1068）王韶上〈平戎策〉請復河湟之地，神宗遂「命憲往視師」。〔註155〕熙寧六年（1073）二月，王韶攻佔河州（今甘肅臨夏），「斬千餘級，木征遁走，生擒其妻子。」〔註156〕李憲也因功「加東染院使，幹當御藥院」。〔註157〕

按御藥院為入內內侍省中最重要的機構，學者程民生指出：御藥院是宋太宗末年始設的醫藥機構，宋仁宗時開始超出本職職能，管理皇宮的財物，宮廷之外更負責監督科舉、編修國史、製造樂器、驗證曆法、翻譯佛經、搶險賑災、監督司法，甚至從事軍事、外交活動，其活動程度以宋神宗、宋哲宗時期為高峰。〔註158〕丁義玨亦指出：勾當御藥院雖是差遣職位，實已部分階官化。作

---

〔註152〕參見雷家聖：《宋代監當官體系之研究》（臺北：花木蘭文化出版社，2009 年）。
〔註153〕《宋史》卷 467〈宦者二・李憲傳〉，第 13638 頁。
〔註154〕佐伯富著，魏美月譯：〈宋代走馬承受之研究〉，《東方雜誌》復刊第 13 卷第 8、9、10 期（1980 年 2、3、4 月）。
〔註155〕《宋史》卷 467〈宦者二・李憲傳〉，第 13638 頁。
〔註156〕《長編》卷 243，熙寧六年三月丁未，第 5912 頁。
〔註157〕《宋史》卷 467〈宦者二・李憲傳〉，第 13638 頁。
〔註158〕程民生：〈宋代御藥院探秘〉，《文史哲》2014 年第 6 期，第 80～96 頁。

為高層宦官序列之一級，其與皇帝最為親近，可隨時受其差遣；御藥院機構本身不設醫官，只組織醫方的搜集、按驗和保存，采購藥材、和劑藥品並侍奉禁中，君主有疾則挾醫官入視；御藥院又為君主準備賜予臣僚或外國使臣的禮物，並負責在崇政殿舉行的殿試。〔註159〕因此，李憲雖然勾當御藥院，但實際上仍在西北領兵作戰，先後「復戰牛精谷，拔珂諾城，為熙河經略安撫司幹當公事。」〔註160〕

熙寧七年（1074），吐蕃豪酋董氈部將鬼章攻打宋朝之踏白城，《長編》記載：「董氈將青宜結鬼章數擾河州屬蕃，誘脅趙常杓家等三族，集兵西山，襲殺河州采木軍士，害使臣張普等七人，以書抵思立（按：知河州景思立），語不遜，思立不能忍，帥漢蕃兵六千攻之于踏白城。」結果「知河州景思立、走馬承受李元凱戰死于踏白城。」〔註161〕河州被圍，李憲奉詔馳至軍，張皇帝所賜黃旗以示眾曰：「此旗，天子所賜也，視此以戰，帝實臨之。」士爭呼用命以進，大破敵軍，「木征率酋長八十餘人詣軍門降」。李憲又以功加昭宣使、嘉州防禦使，回京後擔任入內內侍省押班。〔註162〕熙寧八年（1075）五月辛巳，神宗下令：「入內押班李憲勾當皇城司。」〔註163〕

所謂皇城司，日本學者佐伯富指出：皇城司是天子直屬機構，除了警備皇城以外，並選擇左右親信之人，周流民間，密行伺察。〔註164〕程民生也指出皇城司是作為天子耳目的特務機構，負責伺察軍中事務，考察民俗軼事與毀謗朝政者，並偵查官吏之不法行為。〔註165〕李憲身為宦官，直接聽命於皇帝，除了在外征戰之外，又曾任走馬承受公事、勾當皇城司等職，負責監視軍隊、官吏與百姓，因此，在身份認同上，李憲在「天子家臣」與「朝廷官員」兩種身分之間，對前者的認同遠大於後者；在行為認知上，向皇帝盡責盡忠，也遠比對官僚體系的維護來得重要。這也是宋初以來皇帝樂於重用宦

〔註159〕 丁義珏：〈宋代御藥院機構與職能考論〉，《中華文史論叢》2018年第2期，第223～251頁。

〔註160〕 《宋史》卷467〈宦者二·李憲傳〉，第13638頁。

〔註161〕 《長編》卷250，熙寧七年二月甲申，第6098頁。

〔註162〕 《宋史》卷467〈宦者二·李憲傳〉，第13638～13639頁。

〔註163〕 《長編》卷264，熙寧八年五月辛巳，第6476頁。

〔註164〕 佐伯富著，魏美月譯：〈宋代之皇城司〉，《東方雜誌》復刊第11卷第2期（1977年8月），第40～54頁。

〔註165〕 程民生：〈北宋探事機構——皇城司〉，《河南大學學報（社會科學版）》1984年第4期，第37～41頁。

官的重要原因。

熙寧八年，交趾入寇廣南東西路，攻佔邕州。宋神宗下令：「命知延州、天章閣待制、吏部員外郎趙卨为安南道行營馬步軍都總管、經略招討使、兼廣南西路安撫使，昭宣使、嘉州防禦使、入內押班李憲副之。」〔註166〕李憲即將成為王繼恩、劉繼能之後另一位路級軍事副長官，地位之高當時宦官無人能出其右。然而，李憲卻與趙卨發生爭執：

> 趙卨上言：「朝廷置招討使副，其於軍事並須共議，至於號令節制，即乞歸一。」於是李憲銜之，已而語卨，令邊事止奏稟御前指揮，更不經中書、樞密院。卨對以朝廷興舉大事，若不經二府，恐類墨敕，於事未便。憲又言：「將來若至軍中，御前有指揮，事當何如？」卨曰：「事若未便，軍中不聞天子詔，當從便宜爾。」二人由是交惡，屢紛辨於上前。〔註167〕

李憲認為他的工作就是「為天子耳目」，應該忠實地傳達皇帝的旨意與命令。而趙卨則主張軍事事務雖可共議，但號令節制應歸於一，也就是由招討使負總責，副使只能提出建議或奉命行事。李憲又主張招討使應直接聽令於神宗，不經宰相、樞密院二府，趙卨則認為如此則如同唐朝的墨敕斜封官，不符合朝廷體制，於是兩人爭辯不休。李憲代表的是神宗的意志，希望不經中書、樞密院的層層討論拖延，而直接秉承神宗的御前指揮。趙卨則堅持體制，不肯退讓，神宗遂問趙卨：「若憲不行，誰可代憲？」趙卨言：「（郭）逵老邊事。」神宗又問：「卿統帥，令副之，奈何？」趙卨曰：「為國集事，安問正副，臣願為裨贊。」於是神宗同意免去李憲的副使職務，改由郭逵任統帥，趙卨為副帥。〔註168〕

經過此次事件，雖然李憲的招討副使一職如曇花一現，但也讓神宗明白，要擺脫官僚體制的束縛，完全執行自己的戰爭意志，則讓宦官為副帥尚不足夠，只有讓宦官擔任正式的統帥，才能有效執行其意志，貫徹其目標。

熙寧十年（1077）十二月，宋神宗因「熙河用度不足，仰度支供億，於是命入內都知李憲領（熙河路）經制財用司」，「及時經畫，以助邊費」〔註169〕。

〔註166〕《長編》卷271，熙寧八年十二月辛亥，第6649頁。
〔註167〕《長編》卷273，熙寧九年二月戊子，第6674～6675頁。
〔註168〕《長編》卷273，熙寧九年二月戊子，第6675頁。
〔註169〕《長編》卷286，熙寧十年十二月甲申，第6996頁。

元豐元年（1078）正月，「許憲銜內增都大二字」〔註170〕，將李憲的頭銜改為「都大經制熙河路邊防財用」（簡稱都大經制），李憲實際上成為熙河路的最高長官。

元豐四年西夏發生政變，宋神宗決定趁機兵分五路大舉討伐西夏，並以宦官李憲為熙河秦鳳路統帥，王中正為河東麟府路統帥。當時的樞密院長官孫固、呂公著皆持反對意見：

> 諜者告夏人幽其主，神宗欲西討，……時執政有言便當直度河，不可留行。（孫）固曰：「然則孰為陛下任此者？」神宗曰：「朕已屬李憲。」固曰：「伐國，大事也，豈可使宦官為之？今陛下任李憲，則士大夫孰肯為用乎？」神宗不悅。他日，固又曰：「今五路進師而無大帥，就使成功，兵必為亂。」神宗曰：「大帥誠難其人。」呂公著曰：「既無其人，曷若已之。」固曰：「公著言是也。」〔註171〕

孫固認為若用宦官李憲為統帥，則士大夫「孰肯為用」？完全表現了對宦官鄙夷輕視的心態。神宗也被迫說道：「大帥誠難其人。」好像任用李憲是因為沒有更好的人選所以不得已而為之。呂公著更說「既無其人，曷若已之。」意即如果沒有適合的將帥人選，那就罷兵吧，完全沒有把在熙河路屢立戰功的李憲放在眼裡。由此可見，文官們完全沒有把宦官當作官僚系統中的一部分來考慮，宦官們自己也明白這一情形，因此只有完全依靠皇帝，才能維繫自己的權力。皇帝也知道宦官要維繫權力只有依靠皇帝自己，所以對宦官的利用更為直接大膽，尤其神宗的新法與拓邊政策不為大多數守舊官僚所喜，讓宦官執行其意志成為了最方便的途徑。

元豐四年宋夏戰爭，神宗以熙河路李憲、鄜延路种諤、環慶路高遵裕、涇原路劉昌祚、河東麟府路王中正五路伐夏。不過，五路大軍如何統一指揮，神宗則朝令夕改，元豐四年八月己未，中書、樞密院言：「王中正已措置麟府路，兼照管鄜延、環慶、涇原三路，欲令總兵官與中正議定，方得進兵。」神宗下詔兵馬出界後，並聽王中正節制。〔註172〕八月乙丑，神宗又批示：「已指揮秦鳳一路兵付李憲節制。」〔註173〕形成北方四路（河東麟府、鄜延、環慶、涇原）由王中正節制，南方熙河、秦鳳合為一路由李憲節制的局面。

〔註170〕《長編》卷287，元豐元年正月癸卯，第7035頁。
〔註171〕《宋史》卷341〈孫固傳〉，第10875～10876頁。
〔註172〕《長編》卷315，元豐四年八月己未，第7618頁。
〔註173〕《長編》卷315，元豐四年八月乙丑，第7624頁。

　　十月壬戌，神宗又下詔：「李憲已總兵東行，涇原總管劉昌祚、副總管姚麟見統兵出界，如前路相去不遠，即與李憲兵會合，結為一大陣，聽李憲節制。」〔註174〕將涇原路劉昌祚部劃歸熙河路李憲節制。實際上熙河路李憲於九月乙酉攻佔蘭州，〔註175〕涇原劉昌祚則於十月壬午已兵臨靈州城（今寧夏銀川市靈武市）下，〔註176〕李憲與劉昌祚部尚有一段距離，「結為一大陣」實屬不可能。

　　神宗又命令李憲：「領兵直趣興、靈，董氈亦稱欲往，宜乘機協力入掃巢穴，若興、靈道阻，即過河取涼州。」〔註177〕神宗要求李憲與董氈聯合，向北進攻西夏首都興慶府與靈州，如果做不到，就渡過黃河，攻打河西走廊的涼州（今甘肅武威），這完全是紙上談兵、無法完成的計畫。李憲一方面發兵出擊，「總兵東上，平夏人于高川石峽。進至屈吳山，營打囉城，趨天都，燒南牟府庫，次葫蘆河而還。」〔註178〕只做了象徵性的進兵，十一月己丑進兵至天都山（今寧夏中衛市海原縣）。〔註179〕但是命令手下的宦官李舜舉，向皇帝報告實際的困難：

> 李憲督饋糧，言受密詔，自都轉運使以下乏軍興者皆聽斬。民懲前日之役多死於凍餒，皆憚行，出錢百緡不能雇一夫，相聚立柵山澤不受調，吏往逼呼，輒毆擊，解州至械縣令以督之，不能集。（李）舜舉入奏其事，乃罷兵。〔註180〕

李舜舉向神宗報告了轉運糧餉的困難，以及運糧民夫死於凍餒的悲慘情況，神宗於是下詔：「李憲亟旋師本路，安養士氣。」〔註181〕終於讓神宗下詔罷兵。

　　李憲審時度勢，未盲目遵守皇帝進攻的命令與劉昌祚會合，也未渡過黃河攻打涼州，而是以固守蘭州為主，象徵性的進兵至天都山。而未與李憲會師的劉昌祚部進兵至靈州城下，與高遵裕會合圍攻靈州，卻遭西夏決開黃河堤防，水淹宋軍，劉昌祚、高遵裕皆大敗而歸。

　　靈州之敗後，宋朝官員將失敗的原因歸咎於李憲之不赴援。《宋史》記載：

〔註174〕　《長編》卷317，元豐四年十月壬戌，第7667頁。
〔註175〕　《長編》卷316，元豐四年九月乙酉，第7638頁。
〔註176〕　《長編》卷318，元豐四年十月壬午，第7697頁。
〔註177〕　《宋史》卷467〈宦者二・李憲傳〉，第13639頁。
〔註178〕　《宋史》卷467〈宦者二・李憲傳〉，第13639頁。
〔註179〕　《長編》卷319，元豐四年十一月己丑，第7709頁。
〔註180〕　《宋史》卷467〈宦者二・李舜舉傳〉，第13644頁。
〔註181〕　《長編》卷320，元豐四年十一月甲辰，第7725頁。

李憲由熙河入，輒不赴靈州，乃自開蘭、會，欲以弭責。(孫)固曰：
「兵法期而後至者斬。今諸路皆進，而憲獨不行，雖得蘭、會，罪
不可赦。」神宗不聽。〔註182〕

神宗對於李憲「將在外，君命有所不受」的行為，並未深責，對李憲「賜銀帛
四千，為涇原經略安撫制置使，給衞三百，進景福殿使、武信軍留後。使復還
熙河，仍兼秦鳳軍馬。」〔註183〕總結元豐四年靈州之役與元豐五年（1082）
永樂城之役，宋朝損兵折將，死傷慘重，唯一的重要戰果即是李憲攻佔的蘭州
城，由此可見李憲雖為宦官，但在軍事上的表現與成就，決不在出身武將世家
者之下。

佔領蘭州之後，李憲仍繼續固守蘭州，以圖後舉。李憲命部下熙河蘭會經
略副使李浩向朝廷奏請：「蘭州及西使城連接熙河，通遠軍新復，多荒閑地，
已依朝旨招弓箭手。竊慮應猝難得足數，乞權許人開耕，候招弓箭手卻支撥，
所貴得廣蒭粟，以實塞下。」〔註184〕李憲採取穩紮穩打的策略，在新佔之蘭
州、通遠軍等地設置弓箭手，招民開墾耕種，一方面加強防務，一方面也增加
軍糧生產供應。可見李憲其人實事求是、不好大喜功的態度。

靈州、永樂兩役失敗後，西夏對蘭州也虎視眈眈，一度出兵攻破蘭州的西
關。李憲「以蘭州乃西人必爭地，眾數至河外而相羊不進，意必大舉，乃增城
守塹壁，樓櫓具備。」〔註185〕李憲向神宗奏請在蘭州周圍增列堡寨：「乘來春
賊眾未聚，先築汝遮堡，最為賊衝。城圍須及千步，並接勝如堡，中間築一通
過小堡。次展定西城蘭州故址，然後築鞏心諸堡。」又奏言：「臣昨上復古渭
州及易置通遠軍、定西城，列置蘭州堡障事，蓋緣熙河一路形勢，全藉新復州
城以為遮罩，況所得之地，川原寬平，土性甚美，屬羌數萬已就耕鋤，新招弓
箭手五千，膏腴田土占籍未遍，須增修城壘，使有土著之心，不惟地利可助邊
儲，亦絕敵人規取舊物之計。」〔註186〕由於李憲積極修築城堡，招募弓箭手
駐紮屯田，使得蘭州邊防日益穩固。「明年冬，夏人果大入，圍蘭州，步騎號
八十萬眾，十日不克，糧盡引去。」〔註187〕宋朝在蘭州站穩了腳跟，這不得

〔註182〕《宋史》卷341〈孫固傳〉，第10876頁。
〔註183〕《宋史》卷467〈宦者二·李憲傳〉，第13640頁。
〔註184〕《長編》卷320，元豐四年十一月丙午，第7728頁。
〔註185〕《宋史》卷467〈宦者二·李憲傳〉，第13640頁。
〔註186〕《長編》卷331，元豐五年十一月癸丑，第7982～7983頁。
〔註187〕《宋史》卷467〈宦者二·李憲傳〉，第13640頁。

不歸功於李憲的積極謀劃。

　　對於李憲的固守蘭州，神宗也十分稱許，並致書於李憲，表達繼續用兵西夏的決心。元豐七年（1084）神宗賜李憲詔：「夏國自祖宗以來，為西方巨患，歷八十年，朝廷傾大下之力，竭四方財用，以供餽餉，尚日夜惴惴焉，惟恐其盜邊也。若不乘此機際，朝廷內外並力一意，多方為謀經略，除此禍孽，則祖宗大恥，無日可雪；四方生靈賦役，無日可寬；一時主邊將帥得罪天下後世，無時可除。」〔註188〕然而，隨著元豐八年（1085）神宗去世，舊黨執政，李憲亦被罷黜，結束了西北邊境的戎馬生涯。

　　李憲是元豐五路伐夏的統帥中唯一獲得重大戰功者。但宋人對李憲的評價卻以負面為多。南宋黃震《古今紀要》稱李憲：「從王韶取河州，大殺木征、董氈（董氈）、鬼章之兵。副趙卨討交州，卨言而罷之。使計議秦鳳邊事，彭汝礪等言鬼章之患小，用憲之患大。為大將收復蘭州，詔趨靈武而憲不前，高遵裕獨往而敗。哲宗時劉墊（按：應為劉摯）劾其貪功，罷之。」〔註189〕王稱《東都事略》亦稱「憲以中人為將，雖能拓地降虜，而貪功罔上，傷財害民，遺患中國云。」〔註190〕與後述的宦官王中正相比，李憲功勞較大，但後人對他的批評，遣詞用字卻更為嚴厲，其原因何在？筆者推測，一方面李憲出身宦官，已為士人所不齒，儒家士大夫認為宦官出身卑賤，羞與同列，因此雖然不忽略李憲收復蘭州之功，但仍批評他「貪功罔上，遺患中國」。其次，南宋以後普遍將北宋滅亡的原因歸因於王安石新法，因此與新法相關聯的西北拓邊也被視為窮兵黷武、勞民傷財之舉，故李憲又多了「傷財害民」的罪名。此外，宋徽宗時期與奸相蔡京同流合汙的宦官童貫，竟是「少出李憲之門」〔註191〕，李憲因此為童貫所累，名聲更壞。然而若拋開宋人主觀的批評，李憲實為北宋難得一見之將才。

## 三、王中正的軍事表現

　　王中正為元豐四年五路伐夏之役的另一位宦官統帥。王中正字希烈，仁宗慶曆八年（1048）閏正月發生宮廷衛士兵變，「（辛酉）是夕，崇政殿親從官顏秀、郭逵、王勝、孫利等四人謀為變，殺軍校，劫兵仗，登延和殿屋，入至禁

---

〔註188〕《長編》卷349，元豐七年十月癸巳，第8376頁。
〔註189〕黃震：《古今紀要》卷19〈李憲〉，第375頁。
〔註190〕王稱：《東都事略》卷120〈李憲傳〉，第1048頁。
〔註191〕《宋史》卷468〈宦者三·童貫傳〉，第13658頁。

中，焚宮簾，砍傷內人臂。其三人為宿衛兵所誅，王勝走匿宮城北樓，經日乃得，而捕者即分支之。」〔註192〕當時年僅十八歲的宦官王中正「援弓矢即殿西督捕射，賊悉就擒」，開始嶄露頭角，其後歷任幹當御藥院、鄜延、環慶路走馬承受公事，分治河東邊事。又因擊敗西夏人有功，授予「帶御器械」。〔註193〕

所謂「帶御器械」，南宋洪邁《容齋隨筆》記載：「內侍之職，至於幹辦後苑，則為出常調，流輩稱之曰苑使。又進而幹辦龍圖諸閣，曰閣長。其上曰門司，曰御藥，曰御帶。又其上為省官，謂押班及都知也。」〔註194〕御帶即帶御器械，地位比勾當御藥院更高，在內侍省與入內內侍省的地位僅次於押班與都知，可見仁宗、英宗對王中正的重視。

神宗即位，熙寧元年王韶上〈平戎策〉之後，神宗採納其策，銳意開邊，王中正「遂從王韶入熙河，治城壁守具，以功遷作坊使、嘉州團練使，擢內侍押班。」〔註195〕當時吐蕃圍茂州，神宗命王中正率陝西兵援之，圍解後，王中正認為自茂州之石泉縣至茂州城，謂之隴東路，為西羌據有，因此上言：「（石泉）縣至綿與茂，道里均，而龍安有都巡檢，緩急可倚仗。請割石泉隸綿，而窒其故道。」〔註196〕王中正認為石泉縣到茂州城的隴東路，由於為西羌所據，如果將之收復，將會引發不必要的衝突，因此決定收縮戰線，暫時放棄石泉縣到茂州之地，將石泉縣改隸於綿州，由此可見王中正處理邊防事務的務實態度。

至元豐初年，王中正又協助神宗推行保甲法，「提舉教畿縣保甲將兵捕賊盜巡檢，獻民兵伍保法，請於村疃及縣以時閱習，悉行其言。」〔註197〕王中正累積了走馬承受公事、協助王韶拓邊、推行保甲法等眾多經驗，資歷相當豐富完整，行政能力未必比文武官員遜色。

元豐四年，神宗五路伐夏，八月己未下令鄜延、環慶、涇原三路並聽河東路王中正節制。南方熙河秦鳳路則由李憲統帥。然而，八月丁丑，神宗又批示：「王中正止令遵秉宣命，節制鄜延一路諸將兵，其環慶、涇原，朝廷自專委高

〔註192〕《長編》卷162，慶曆八年閏正月辛酉，第3908～3909頁。
〔註193〕《宋史》卷467〈宦者二‧王中正傳〉，第13642頁。
〔註194〕洪邁：《容齋隨筆》（文淵閣四庫全書第851冊，臺北；台灣商務印書館，1986年）四筆卷16〈寄資官〉，第784頁。
〔註195〕《宋史》卷467〈宦者二‧王中正傳〉，第13642～13643頁。
〔註196〕《宋史》卷467〈宦者二‧王中正傳〉，第13643頁。
〔註197〕《宋史》卷467〈宦者二‧王中正傳〉，第13643頁。

遵裕節制，中正更不當干預。」〔註198〕環慶、涇原兩路便不再受王中正節制了。十月戊午，因鄜延路种諤在米脂城大破西夏軍，神宗又遣中使諭种諤：「昨以卿急於滅賊，恐或妄進，為一方憂，故俾聽王中正節制。今乃能首挫賊鋒，功先諸路，朕甚嘉之。中正節制指揮，更不施行。」〔註199〕鄜延种諤此時亦不再歸王中正節制。神宗朝令夕改的結果，對王中正一路大軍造成了致命的影響，王中正原本認為「鄜延受我節制，前與鄜延軍遇，彼糧皆我有也，乃書片紙云：止可備半月糧。」王中正認為出兵後即與鄜延路會師，故全軍只攜半月糧，屬下官吏莊公岳等恐糧草不足，多準備了八日糧。結果种諤「既得詔不受中正節制，委中正去，鄜延（糧）不可復得」，王中正的大軍「出塞二十餘日，始至宥州，糧不得不乏。」〔註200〕面臨了嚴重的缺糧問題，最後大軍慘敗而回，「士卒死亡者近二萬，民夫逃歸大半，死者近三千人，隨軍入寨者萬一千餘人。」〔註201〕

　　王中正的失敗，究竟是他本身無能？還是神宗指揮不當所致？按照宋神宗先前的命令，王中正做出了戰略規劃，由於預計將與鄜延路大軍會合，因此減少了攜帶糧食的數量。然而神宗突然改令鄜延路不隸屬於王中正管轄，使得王中正措手不及，全軍也面臨糧食危機，因此宋神宗的責任應該更大。王中正本人也有部分責任，與李憲相比，王中正對神宗命令的判斷似乎過於輕率，缺少應變方案；而李憲則以現實情況為依據，對於神宗不切實際的命令，陽奉陰違。結果是王中正大敗而還，李憲則保住了唯一的戰果蘭州城。

　　王中正在元豐四年五路伐夏中的軍事表現可謂一塌糊塗，然宋人對他的評價卻反而沒有李憲嚴酷。《古今紀要》僅說他「從王韶入熙州，解茂州圍。討西夏，詔五路時會靈州，中正失期降秩。」〔註202〕《東都事略》亦僅說「中正失期，糧道不繼，士卒多死。……坐前敗降秩二等。元祐初言者再論中正違詔不赴興靈會師之辜，復降秩二等。」〔註203〕哲宗紹聖親政之後，推翻舊法，重行新法，對於熙寧元豐舊臣也轉而正面肯定，當時王中正雖已去世，但仍追復遙郡防禦使的官銜，哲宗稱王中正：「蚤奮邊陲，晚罹廢黜，奄其淪謝，倏

〔註198〕《長編》卷315，元豐四年八月丁丑，第7631～7632頁。
〔註199〕《長編》卷317，元豐四年十月戊午，第7659～7660頁。
〔註200〕《長編》卷319，元豐四年十一月甲申，第7701頁。
〔註201〕《長編》卷319，元豐四年十一月丙戌，第7704頁。
〔註202〕黃震：《古今紀要》卷19〈王中正〉，第375頁。
〔註203〕王稱：《東都事略》卷120〈王中正傳〉，第1049頁。

有歲年，用伸孝子之情，追復遙防之舊。」〔註204〕對王中正似乎也沒有太多稱許之詞，算是對王中正做了「沒有功勞，也有苦勞」的評價。

李憲、王中正為宋神宗時期宦官統兵的代表人物，兩人在統兵之前均經過長期的歷練，擔任走馬承受公事以監察文武官員，又隨王韶拓邊西北立下戰功，論其資歷，不會比其他文武官員為遜色，但是因其宦官身分，往往為文官士大夫所輕視。

李憲在元豐四年對夏戰爭中，對於宋神宗的命令採取選擇性的執行，在攻佔蘭州城後，對於神宗要求北上攻打興慶府、靈州或西渡黃河攻打涼州的計畫，採取陽奉陰違的態度，而以固守蘭州城為主要目標，對西夏只採取象徵性的進攻。當時樞密使孫固主張將李憲問斬，幸而神宗為李憲開脫，不但未問罪於李憲，更授以涇原路經略安撫使之職。宋代宦官正式授以路級長官，應自李憲始。（太宗時王繼恩為劍南兩川招安使，真宗時張繼能為川峽兩路招安巡檢使、廣南西路安撫副使，都是戰時臨時性的安排，並非固定官職。）從消極的角度來看，這一作法，也開啟了宦官掌握兵權之門，為徽宗時童貫領六路邊事鋪平了道路。

王中正則不似李憲靈活而通權變，完全按照神宗讓他節制鄜延路的命令規劃軍中糧食，結果神宗朝令夕改，鄜延路不再歸王中正節制，王中正的大軍遂面臨斷糧危機。由此來看，王中正大軍的失利，宋神宗的責任應該更大些，把戰敗責任完全歸咎於王中正，又歸因於他的宦官身分，這是不合情理的。

李憲與王中正在軍事上的表現，雖然一勝一敗，但都算能稱其職，與將門世家出身的种諤、高遵裕相比，也毫不遜色。我們不應以李憲、王中正出身宦官，就否定其戰爭表現。對於歷史人物，還是要就事論事，給予客觀的評價。

## 第四節 神宗決策模式的檢討

宋神宗即位時，「奮然將雪數世之恥」〔註205〕，積極謀劃討伐西夏，為了滿足戰爭的開銷，又重用王安石變法。即使有保守反對者不斷提出反對意見，宋神宗仍堅定的堅持拓邊與變法政策。然而，西北拓邊的計劃在元豐四

〔註204〕鄒浩：《道鄉集》（文淵閣四庫全書第 1121 冊，臺北：台灣商務印書館，1986年）卷 15〈王中正追復遙郡防禦使制〉，第 294 頁。

〔註205〕《宋史》卷 16〈神宗紀三〉，第 314 頁。

年靈州之役、元豐五年永樂之役兩場大敗之後，受到了重大的挫折。宋神宗在西北拓邊之中，扮演了真正決策者的角色，因此其性格中的優缺點，也成為影響政策成敗的關鍵。我們來看看宋神宗在決策模式上，有哪些值得檢討之處：

## 一、乾綱獨斷——決策圈過於狹隘

宋神宗熙寧年間，在內政理財方面，大致上是放手讓王安石去做，並全力支持王安石的變法措施。而在軍事與拓邊方面，宋神宗卻是完全操之在己，由自己主動指揮與控制。在本章第一節中，我們提到由於樞密院正副長官在軍事決策過程中被邊緣化，所以神宗在決策時往往乾綱獨斷，自行做出決定，樞密院很少能發揮提供建議、協助決策的功能。在本章第二、三節中，我們看到宋神宗所重用的陝西沿邊各路與熙河路的邊臣將帥，也僅有蔡挺、王韶、种諤、高遵裕、李憲、王中正等人，是宋神宗真正親信與重用的對象。在治平四年种諤、高遵裕向神宗建議收復綏州，並且由种諤負責執行，此一行動獲得了成功。熙寧元年又採納王韶的〈平戎策〉，規劃收復河湟以斷西夏右臂，並開始逐步招撫沿邊諸族。在這兩次行動都獲得相當成果之後，遂養成了宋神宗將邊事只與親信邊臣討論便做出決策的習慣。

在交趾問題方面，神宗與沈起、劉彝討論交趾邊事，「上（神宗）令（沈）起密經制交趾事，諸公皆不與聞，凡所奏請皆報聽。」〔註206〕即是只與邊臣密議邊疆事務的例子。在交趾事務方面，神宗與沈起、劉彝形成了小決策圈。決策圈狹隘的結果，便是決策的品質不佳，沈起、劉彝對交趾的強硬措施，知邕州蘇緘曾經反對，「劉彝代（沈）起，緘致書於彝，請罷所行事。彝不聽，反移文責緘沮議，令勿得輒言。」〔註207〕蘇緘不在宋神宗的小決策圈中，所以意見不被神宗採納，反而被劉彝斥責。神宗獨斷專行，沈起、劉彝奉行唯謹的結果，便是引起了交趾的入侵，造成宋朝意外的負擔，打了一場計劃之外的戰爭。

熙寧八年交趾入寇，神宗下令：「命知延州、天章閣待制、吏部員外郎趙卨為安南道行營馬步軍都總管、經略招討使、兼廣南西路安撫使，昭宣使、嘉州防禦使、入內押班李憲副之，龍神衛四廂都指揮使、忠州刺史燕達為副都總

---

〔註206〕《長編》卷244，熙寧六年四月戊寅，第5933頁。
〔註207〕《宋史》卷446〈忠義一・蘇緘傳〉，第13156～13157頁。

管。」〔註208〕當時趙卨與李憲即發生爭執:

> 趙卨上言:「朝廷置招討使副,其於軍事並須共議,至於號令節制,
> 即乞歸一。」於是李憲銜之,已而語卨,令邊事止奏稟御前指揮,
> 更不經中書、樞密院。卨對以朝廷興舉大事,若不經二府,恐類墨
> 敕,於事未便。憲又言:「將來若至軍中,御前有指揮,事當何如?」
> 卨曰:「事若未便,軍中不聞天子詔,當從便宜爾。」二人由是交惡,
> 屢紛辨於上前。……上因問卨:「若憲不行,誰可代憲?」卨言:「(郭)
> 逵老邊事。」上曰:「卿統帥,令副之,奈何?」卨曰:「為國集事,
> 安問正副,臣願為裨贊。」上諾之。〔註209〕

當時神宗希望把親信宦官李憲,納入交趾事務的小決策圈中,讓他擔任討伐交趾的副帥。李憲代表的,即是神宗的決策模式,不經中書、樞密院,而秉承神宗的御前指揮。幸而趙卨堅持體制,與李憲爭論不下,於是李憲去職,趙卨又推薦郭逵為統帥,而自己為副貳。於是神宗下令以郭逵為安南道行營馬步軍都總管、招討使、兼荊湖廣南路安撫使,改趙卨為副使。神宗原本希望用完全聽命於神宗的李憲為副使,李憲也提出要「邊事止奏稟御前指揮」,即是這種「乾綱獨斷」式的決策模式的體現。交趾之役的將帥任命最後雖然並不能盡如神宗之意,後來罷去李憲改以郭逵為統帥。但元豐四年的宋夏戰爭,神宗依舊是採取少數決策、個人專斷的決策模式。

元豐四年三月,西夏發生政變,梁太后軟禁了國主秉常,重新臨朝聽政。當時鄜延路將領种諤立即向宋神宗報告:「臣竊謂賊殺君長,國人莫不嫌惡,羌人遽然有此上下叛亂之變,誠天亡之時也。宜乘此時大興王師,以問其罪。」〔註210〕神宗收到了种諤的奏報後,隨即批覆:「已議於陝西、河東五路聚集軍馬,其錢糧、器械,中書、樞密各委官盡數刷會,準備應副。」〔註211〕神宗接受种諤的建議,決定對西夏發動戰爭,這也是僅與邊臣做了簡短的討論便做出決策。顯然宋神宗似乎未從沈起、劉彝的事例中學得教訓。當時的樞密院長官孫固、呂公著皆持反對意見:「諜者告夏人幽其主,神宗遽欲西討,(孫)固諫曰:『舉兵易,解禍難。』前後論之甚苦。神宗意堅甚,固曰:『必不得已,請聲其罪薄伐之,分裂其地,使其酋長自守。』神宗笑曰:『此真鄜

---

〔註208〕《長編》卷271,熙寧八年十二月辛亥,第6649頁。

〔註209〕《長編》卷273,熙寧九年二月戊子,第6674~6675頁。

〔註210〕《長編》卷312,元豐四年四月壬申,第7566頁。

〔註211〕《長編》卷312,元豐四年四月甲戌,第7567頁。

生之說爾。』」〔註212〕神宗收到种諤的一份奏章，便決定了要討伐西夏，而樞密院長官孫固、呂公著面折廷爭，神宗卻完全不為所動。可見种諤是神宗小決策圈中的成員，其言論能夠得到神宗青睞，決策圈外的樞密院長貳則無法影響神宗的決策。

　　本書第五章第三節提到，元豐四年宋軍五路伐夏失利之後，元豐五年，种諤計畫以攻為守，在橫山一線修築城堡，與西夏長期對抗。於是神宗派遣給事中徐禧、內侍省押班李舜舉往鄜延路議邊事。〔註213〕當時徐禧向神宗建議在永樂築城，說道：「銀州故城形勢不便，當遷築於永樂之上，蓋銀州雖據明堂川、無定河之會，而城東南已為河水所吞，其西北又阻天塹，實不如永樂之形勢。」〔註214〕鄜延經略安撫使沈括同意了徐禧在永樂築城的意見，「請城永樂」，〔註215〕种諤認為永樂依山無水泉，「極言不可」。〔註216〕當時徐禧與种諤爭論不休，《長編》記載：

　　　　（种）諤還自京師，極言城永樂非計。（徐）禧怒，變色謂諤曰：「君
　　　　獨不畏死乎？敢毀成事！」諤曰：「城之必敗，敗則死；拒節制亦死。
　　　　死於此，猶愈於喪國師而淪異域也。」禧度不可屈，奏諤跋扈異議，
　　　　不可與偕行，有詔留諤守延州，令禧護諸將往城。〔註217〕

在种諤與徐禧的爭論中，神宗最後採納了徐禧的建議，在永樂築城，並且將种諤留在延州。十日後，「龍神衛四廂都指揮使、鳳州團練使种諤降授文州刺史」，〔註218〕种諤進一步被貶降。

　　然而不久之後，永樂城被攻陷，《長編》記載：

　　　　永樂城依山無水，下濱無定河，為井十四，築壘營之。敵眾驟至，
　　　　李稷惜軍食，不納役卒，卒以所持糧錘掘壘為磴道，爭先登，敵乘
　　　　之，遂奪水寨。城中掘井三，及泉，僅足飲將領，於是士卒渴死者
　　　　大半，至絞馬糞而飲之。……是夜，大雨，敵兵四面急攻，士卒飢
　　　　疲，不復能拒。夜半，城遂陷，（徐）禧及（李）舜舉俱死，（李）稷

〔註212〕王稱：《東都事略》卷81〈孫固傳〉，第685～686頁。
〔註213〕《長編》卷326，元豐五年五月丙午，第7859頁。
〔註214〕《長編》卷328，元豐五年七月戊子，第7895頁。
〔註215〕王稱：《東都事略》卷86〈沈括傳〉，第722頁。其後永樂城陷，「神宗以括
　　　　始議，責為均州團練副使、隨州安置。」
〔註216〕《宋史》卷486〈夏國傳下〉，第14011頁。
〔註217〕《長編》卷329，元豐五年八月壬戌，第7921～7922頁。
〔註218〕《長編》卷329，元豐五年八月辛未，第7923頁。

為亂兵所殺,曲珍及王湛、李浦逃歸,士卒得免者什無一二。〔註219〕

永樂城被西夏攻陷,其中重要的原因便是城中缺水,「士卒渴死者大半」。而种諤在與徐禧爭論時,便已提及永樂山上無水泉,極言其不可。筆者推測,原來在決策圈中的种諤,因為元豐四年伐夏之役時戰敗,已失去神宗的信任,在決策圈中退居邊緣的位置,而好言兵的文官徐禧則成為神宗的「新寵」,因此在种諤與徐禧的爭論中,神宗站在徐禧一邊,寧可聽信沒有戰爭經驗的文官徐禧,也不接納作戰經驗豐富的武將种諤的建議,最後導致永樂城破的結果。

從以上這些例子中,我們可以看出在西夏問題方面,神宗的小決策圈包括了蔡挺、王韶、种諤、高遵裕、李憲、王中正等人。在交趾問題方面,神宗的小決策圈則包括沈起、劉彝。种諤、高遵裕為武將,期盼在戰場上立功以顯功名;李憲、王中正為宦官,事事唯神宗之旨意是從;沈起、劉彝韜略不及蔡挺、王韶,卻看出神宗拓邊的企圖心,故對交趾採取強硬的態度。這些人往往有各自的立場與利益,使得在謀劃邊事時以討好奉承皇帝唯先,滿足神宗的願望為主,較不能客觀分析敵我之短長,最後造成神宗決策的失誤。

## 二、好為謀劃,不知分層負責

交趾之役時,宋神宗雖然已命郭逵、趙卨為正副統帥,但宋神宗對於前線事務仍不免指指點點,《長編》記載:

> 上與輔臣論營陣法,以謂為將者少知將兵之理,且如八軍、六軍皆大將居中,大將譬如心也,諸軍則四體也,運其心智,以身使臂,以臂使指,攻其左則右救,攻其右則左救,前後亦然,則兵何由敗也。〔註220〕

神宗所言純粹是空談理論,紙上談兵,幸而李憲已罷,否則按照李憲事事秉承御前指揮的作法,則戰爭結果將不堪設想。神宗又經常對軍事細節事務進行指示,例如:「安南諸軍過嶺,有疾病寄留者,令所寄州軍專選官管勾醫治,提點刑獄往來提舉,如能用心醫治,痊損數多,候師還日比較分數,當議優獎。」〔註221〕「安南行營軍士如疾病,將官宜親撫視,嚴責醫療,逐將月具平安及疾病死亡人數以聞。」〔註222〕「安南行營兵士以不習水土,多病瘴癘致死,

---

〔註219〕 《長編》卷329,元豐五年九月戊戌,第7936~7937頁。
〔註220〕 《長編》卷274,熙寧九年四月庚寅,第6704頁。
〔註221〕 《長編》卷275,熙寧九年五月壬申,第6731頁。
〔註222〕 《長編》卷276,熙寧九年六月丁亥,第6738~6739頁。

並宜令所在州縣即時依編敕及移牒住營州縣，依廣勇例給孝贈。」〔註223〕神宗所言雖不無道理，但皆為軍隊中的細節事務，這種過度干預將領統帥權的做法，卻容易對前線將領的領導統御，造成干擾與負面影響。

甚至神宗有些理想完全脫離現實，難以辦到。神宗還希望趁討伐交趾的機會，一舉征服交趾，《長編》記載：「詔郭逵等，交州平日，依內地列置州縣。」〔註224〕這種廟堂之上的理想，完全忽視了北方人不適應南方作戰的現實問題，郭逵的大軍到南方後，因疫疾死者過半，郭逵雖然攻入了交趾境內，直抵富良江，但卻未按照神宗的指示，將交趾「依內地列置州縣」，而是選擇見好就收，班師撤兵。《長編》記載：

> （熙寧九年十二月癸卯）是日，郭逵等次富良江，……與諸將議帥
> 大兵濟江，諸將曰：「九軍食盡矣。凡兵之在行者十萬，夫二十餘萬，
> 冒暑涉瘴，死亡過半，存者皆病瘁。」逵曰：「吾不能覆賊巢，俘乾
> 德（按：交趾李朝仁宗李乾德）以報朝廷，天也。願以一身活十餘
> 萬人命。」乃班師。〔註225〕

郭逵撤軍之後，神宗認為郭逵沒有達成神宗要求的「把交趾列置州縣」的目標，因此郭逵「坐貶左衛將軍，西京安置，屏處十年」。〔註226〕

到了元豐四年伐夏之役，神宗仍然積習未改，對於前線軍隊出征時面臨的問題，常有神來之筆，親自指揮，例如：

> 种諤乞計置濟渡橋栿椽木，令轉運司發步乘運入西界。詔：「凡出兵
> 深入賊境，其濟渡之備，軍中自有過索、渾脫之類，未聞千里運木
> 隨軍。今諤計置材木萬數不少，如何令轉運司應副步乘？縱使可以
> 應副，亦先自困。令种諤如將及河造栿，賊界屋並可毀拆，或斬林
> 木相兼用之，如更不足，以至槍排皆可濟渡。」上坐制兵間利害，
> 細微皆得其要，諸將奉行惟恐不及也。〔註227〕

种諤為了讓大軍渡河，需要用椽木建造橋樑，但神宗卻要求种諤拆毀敵境房屋、砍伐樹林，甚至用槍排造筏以渡河。大軍輜重過河需要堅固耐用的橋樑，臨時砍樹拆房甚至使用槍排搭造的橋樑，可能無法符合需要。神宗用這種紙上

---

〔註223〕《長編》卷278，熙寧九年十月丙申，第6800頁。
〔註224〕《長編》卷273，熙寧九年二月甲寅，第6689頁。
〔註225〕《長編》卷279，熙寧九年十二月癸卯，第6843～6844頁。
〔註226〕《宋史》卷290〈郭逵傳〉，第9725頁。
〔註227〕《長編》卷316，元豐四年九月己亥，第7643頁。

談兵的辦法，處理將領遇到的問題，往往造成前線軍隊更大的困擾。

## 三、朝令夕改

　　本書第五章第二節提到，元豐四年宋夏戰爭，神宗以熙河路李憲、鄜延路種諤、環慶路高遵裕、涇原路劉昌祚、河東麟府路王中正五路伐夏。不過，五路大軍如何統一指揮，神宗則朝令夕改，元豐四年八月己未，中書、樞密院言：「王中正已措置麟府路，兼照管鄜延、環慶、涇原三路，欲令總兵官與中正議定，方得進兵。」神宗下詔兵馬出界後，並聽王中正節制。〔註228〕八月乙丑，神宗又批示：「已指揮秦鳳一路兵付李憲節制。」〔註229〕形成北方四路（河東麟府、鄜延、環慶、涇原）由王中正節制，南方熙河、秦鳳合為一路由李憲節制的局面。

　　十二日後，八月丁丑，神宗又批示：「王中正止令遵秉宣命，節制鄜延一路諸將兵，其環慶、涇原，朝廷自專委高遵裕節制，中正更不當干預。」〔註230〕環慶、涇原兩路便不再受王中正節制了。

　　十月戊午，因鄜延路種諤在米脂城大破西夏軍，神宗又遣中使諭種諤：「昨以卿急於滅賊，恐或妄進，為一方憂，故俾聽王中正節制。今乃能首挫賊鋒，功先諸路，朕甚嘉之。中正節制指揮，更不施行。」〔註231〕鄜延種諤此時亦不再歸王中正節制。

　　十月壬戌，神宗又下詔：「李憲已總兵東行，涇原總管劉昌祚、副總管姚麟見統兵出界，如前路相去不遠，即與李憲兵會合，結為一大陣，聽李憲節制。」〔註232〕將原來受環慶路高遵裕節制的涇原路劉昌祚部，劃歸熙河路李憲節制。實際上涇原劉昌祚於十月壬午已兵臨靈州城（今寧夏銀川市靈武市）下，〔註233〕熙河路李憲於九月乙酉攻佔蘭州，〔註234〕十一月己丑進兵至天都山（今寧夏中衛市海原縣），〔註235〕與劉昌祚部尚有一段距離，「結為一大陣」實屬不可能。

　　十月丙子，神宗又批：「鄜延路行營經略司軍馬，已降宣不隸麟府路措置

〔註228〕《長編》卷315，元豐四年八月己未，第7618頁。
〔註229〕《長編》卷315，元豐四年八月乙丑，第7624頁。
〔註230〕《長編》卷315，元豐四年八月丁丑，第7631～7632頁。
〔註231〕《長編》卷317，元豐四年十月戊午，第7659～7660頁。
〔註232〕《長編》卷317，元豐四年十月壬戌，第7667頁。
〔註233〕《長編》卷318，元豐四年十月壬午，第7697頁。
〔註234〕《長編》卷316，元豐四年九月乙酉，第7638頁。
〔註235〕《長編》卷319，元豐四年十一月己丑，第7709頁。

軍馬司節制，今兩路兵相去不遠，令王中正、种諤如行營相近，即應緣進討事和同商量，擇利而往。」〔註236〕這道命令更令人無所適從，「如行營不相近」怎麼辦？「和同商量」是誰節制誰？神宗在兩個月內不斷下達指令，讓五路大軍的指揮體系分分合合，最後是五路各自為戰，只有涇原劉昌祚、環慶高遵裕兩路進抵靈州城下。

神宗對軍事指揮體系朝令夕改的結果，導致河東路王中正認為「鄜延受我節制，前與鄜延軍遇，彼糧皆我有也，乃書片紙云：止可備半月糧。」王中正認為出兵後即與鄜延路會師，故全軍只攜半月糧，屬下官吏莊公岳等恐糧草不足，多準備了八日糧。結果种諤「既得詔不受中正節制，委中正去，鄜延（糧）不可復得」，王中正的大軍「出塞二十餘日，始至宥州，糧不得不乏。」〔註237〕面臨了非常嚴重的缺糧問題，最後大軍幾乎全軍覆沒。

## 四、推諉卸責

宋神宗雖然親自參與策劃西北拓邊與交趾經略等事，但是一旦出現問題，神宗卻是立即「棄車保帥」。治平四年种諤攻佔綏州，引起言官彈劾种諤生事，翰林學士鄭獬彈劾种諤「苟貪微功，以邀富貴，此正天下之奸賊」〔註238〕，知諫院楊繪上奏「高遵裕詐傳聖旨，與种諤等納西夏叛人首領近三十人……為今計者，莫若貶謫其矯制擅興之罪，以正典刑」〔註239〕，侍御史知雜事劉述認為「种諤不稟朝命，擅興兵馬。……乞並同謀人枷送下獄，從朝廷差官制勘，依軍法施行」〔註240〕。當時神宗初即位，政治經驗尚淺，面對言官的交相指責，也不敢承認种諤的行為是出自聖意，只好將种諤貶官了事，「貶秩四等，安置隨州」。〔註241〕

到了交趾問題時，沈起、劉彝因對交趾強硬生事的做法引起交趾入侵，宋神宗再一次採用了「棄車保帥」的作法，將所有罪過推諉於沈起、劉彝身上。神宗責備沈起：

> 沈起昨在廣西，妄傳密受朝廷意旨，經略討交州，又不俟詔，擅委邊

---

〔註236〕《長編》卷318，元豐四年十月丙子，第7692頁。
〔註237〕《長編》卷319，元豐四年十一月甲申，第7701頁。
〔註238〕黃淮、楊士奇等編：《歷代名臣奏議》卷329，第4265頁。
〔註239〕黃淮、楊士奇等編：《歷代名臣奏議》卷329，第4265～4266頁。
〔註240〕黃淮、楊士奇等編：《歷代名臣奏議》卷329，第4266頁。
〔註241〕《宋史》卷335〈种世衡傳附种諤傳〉，第10746頁。

吏，招接恩、靖州儂善美，及於融、宜州溪峒強置營寨，虛奏言蠻眾
同附。既興版築，果至叛擾，殺土丁、兵校、官吏以千數，今交賊犯
順，宜獠內侵，使一道生靈橫遭屠戮，職其致寇，罪悉在起，了無疑
者。……沈起可貸死，削奪在身官爵，送遠惡州軍編管。〔註242〕

最後沈起責授檢校水部員外郎、郢州團練副使、本州安置、不得簽書公事；劉
彝責授檢校水部員外郎、均州團練副使、隨州安置。〔註243〕這與治平四年种
諤被指責「詐傳聖旨」、「矯制擅興」如出一轍。只不過种諤收復了綏州，立功
而受罰，日後還能重新起用。沈起、劉彝則沒有那麼幸運，被「棄車保帥」之
後，就完全成為政治的犧牲品。

　　不過，神宗對於心腹之臣，還是會多方保全，曲意維護。例如元豐四年伐
夏之役時，李憲未按照原定計劃進兵，樞密使孫固建議處分李憲：

　　初議五路入討，會於靈州，李憲由熙河入，輒不赴靈州，乃自開蘭、
　　會，欲以弗責。固曰：「兵法期而後至者斬。今諸路皆進，而憲獨不
　　行，雖得蘭、會，罪不可赦。」神宗不聽，其後師果無功。神宗曰：
　　「朕始以孫固言為迂，今悔無及矣。」〔註244〕

孫固主張李憲未按計劃進兵應該處斬，神宗仍然不聽，可見神宗對李憲的重視
與愛護。

## 五、缺乏整體的戰略規劃

　　宋神宗既然想要討伐西夏，便應該集中全力於西北。然而宋神宗除了西北
拓邊之外，又討伐瀘夷、征討荊湖南北路的少數民族，並且對交趾採取強硬的
態度，從內地邊陲到境外邊疆，開闢了多個戰場，使得軍力分散，國力疲弊。
而元豐四年對西夏之役，則是聽聞西夏政變之後即匆促決定，並未考慮到宋軍
此時是否能夠進行長途遠征，是否能滿足龐大軍隊的軍糧運輸補給等問題。這
種無整體規劃又好大喜功的作法，導致在戰爭中慘遭敗績。

　　從以上的說明中，我們可以看到，由於樞密院輔佐皇帝的功能被邊緣化，
神宗面對軍事事務採取獨斷專行的決策模式，相關事務只與少數親信官員交
換意見，形成小型的決策圈。這種小型決策圈人數有限，圈中的人又經常望風
希旨，順著神宗的想法提出建議，因此導致決策品質不佳。神宗在決策圈幕僚

〔註242〕《長編》卷272，熙寧九年正月丙寅，第6657～6658頁。
〔註243〕《長編》卷273，熙寧九年二月庚寅，第6676頁。
〔註244〕《宋史》卷341〈孫固傳〉，第10876頁。

的影響之下做出決定，一旦遇到問題或認為不妥就改變前令，再下新詔。朝令夕改的結果，對軍事行動造成極為負面的影響，元豐四年五路大軍指揮體系調度的混亂，便是明顯的例子。而當邊臣所提的建議不同，需要朝廷做出決斷時，神宗由於缺乏樞密院的輔佐，在決策時無法做出周密嚴謹的判斷，導致決策失誤，影響戰局，在元豐五年徐禧與种諤的爭論與永樂城被攻陷的事件中，也充分表現了出來。因此，神宗這種決策圈狹隘與獨斷專行的決策模式，弊端甚大，最後使得宋朝在元豐四、五年的宋夏戰爭中損失慘重。

# 本章小結

　　宋神宗時代的樞密院正副長官，凡十七人，其中屬於舊黨或政治立場中立但對軍事持保守態度者占了大半，真正支持軍事改革與西北拓邊又有軍事才能者，只有蔡挺與王韶二人。由新黨王安石主導的中書門下（宰相府）與立場偏向保守的樞密院，宛如兩條平行線。因此，立場偏向保守的樞密院對於主張積極拓邊的宋神宗來說，很難起到備顧問、參謀議的作用。這種作法反映了宋朝「異論相攪」，讓官員互相制衡，以提高皇權地位的政治傳統。但在宋神宗整軍經武、積極拓邊之際，這樣的樞密院長官群體顯然與神宗的政策格格不入，樞密院長官們無法負起輔佐神宗進行軍事決策的作用，無疑將影響宋神宗的軍事決策過程與決策品質。

　　因此，宋神宗對軍事與拓邊事務，多仰賴邊臣的意見，在中書與樞密院不預聞的情形下，與邊臣討論軍事事務，甚至繞過中書與樞密院，越級指揮邊境的文武官員。一旦發生事端，神宗為了避免文官的指責，又往往否認參與其事，結果負責的邊臣便成了「詐傳聖旨」、「擅興兵馬」，成了神宗的犧牲品。從治平四年的种諤，到熙寧九年的沈起、劉彝，都是具體的例證。

　　這種不夠嚴謹的決策、指揮模式，雖然在治平四年种諤攻佔綏州一事中讓宋朝僥倖得利，但在熙寧九年征交趾之役、元豐四年宋夏戰爭中，都可看出這種決策模式所帶來的嚴重負面影響。尤其元豐四年宋夏戰爭期間，宋神宗對五路大軍指揮體系的組織架構，朝令夕改，使前線將帥不知所從；元豐五年徐禧與种諤關於永樂築城的爭論中，神宗也在缺乏顧問諮詢的情形下，獨斷做出決定。這種獨斷專行的決策方式，是導致元豐四、五年宋夏戰爭宋軍兩次大敗的重要原因。

# 第七章 從「紹聖」到「崇寧」——
哲宗與徽宗的對夏政策

## 第一節 元祐更化時期的宋夏關係

宋神宗元豐四年（1081），以西夏梁太后（恭肅章憲皇太后）軟禁國主秉常為藉口，舉兵五路伐夏，卻在靈州遭遇慘敗。元豐五年（1082），西夏又攻破宋朝軍事重鎮永樂城（銀川砦）。靈州、永樂之役，使得宋神宗平定西夏的理想為之破滅。然而西夏方面也損失慘重，為了結束戰爭，元豐五年十一月，梁太后派西南都統嵬名濟向宋朝涇原路投書求和。元豐八年（1085）二月，西夏國相梁乙埋（梁太后之弟）去世，由其子梁乙逋繼為國相。三月戊戌，宋神宗去世，哲宗即位，由神宗之母高太皇太后「權同處分軍國事」。同年十月，西夏梁太后去世，國主秉常「遣使於遼，報其母梁氏哀」。次年，宋哲宗元祐元年（1086）七月，秉常也去世，子乾順即位。秉常之妻梁氏（梁乙埋之女，梁乙逋之妹）為太后（昭簡文穆皇太后）。〔註1〕隨著梁乙埋、宋神宗、梁太后、秉常相繼去世，宋夏雙方的統治階層都換上了新人，宋夏關係也進入了新的時代。

宋哲宗時期宋夏衝突的特色，在於沒有大型的戰役，而是以一連串的小型衝突為主，因此，學術界對哲宗宋夏戰爭的討論較少。李華瑞《宋夏關係史》

---

〔註 1〕《長編》卷 382，元祐元年七月乙丑，第 9316 頁。《宋史》卷 486〈夏國傳下〉，
　　　　第 14015 頁。

在談及哲宗元祐時期宋朝守舊派綏撫西夏的政策時，直接稱之為妥協退讓的對夏政策；在談及宋夏戰爭的重要戰役，在元豐六年蘭州之戰後，便接著討論哲宗元符元年（1098）的平夏城之戰，元祐時期的戰爭衝突幾乎完全略過。

然而，元祐更化時期，宋朝雖然由舊黨當政，對拓邊的態度消極，但面對西夏不斷入侵的局面，也並非任由西夏予取予求。而當時西夏執政的國相梁乙逋，為何要對宋朝不斷騷擾邊境，甚至攻城掠地？也有其背後的戰略考慮。研究者如不能理解雙方背後的戰略考慮，則所見只有一場場的戰役，對戰爭的描述也將流於碎片化。因此，本文特別強調說明元祐時期雙方在戰略問題上的思考重點，而非詳述每一場戰役的經過。希望透過本文，能呈現出元祐時期宋夏戰爭的大致面貌。

## 一、元祐初年關於「棄地」的討論

元豐八年宋神宗去世，舊黨執政，對邊疆事務改採保守政策，於是西夏國主秉常「以疆事遣使春約訛囉聿、副使呂則、田懷榮見於延和殿。」〔註2〕當時宋朝守舊派官員對是否歸還西夏土地的問題，紛紛上書高太皇太后。元豐八年時韓維說道：

> 臣竊見先帝時大興甲兵，西討夏國，始以問罪為名，繼而收其地，遂致夏人有辭，違失恭順。彼國之俗以不報仇怨為恥，今其國力漸復，必來攻取故地，若不幸復奪去，則先帝累年勞師所得，一旦失之，似為可恥。若興師拒戰，則邊隙自此復開，臣恐兵連禍結，未有已時。臣竊思兵之不可不息者有三，地之不可不棄者有五，請為陛下陳之：
>
> 伏惟皇帝春秋尚富，太皇太后深居九重，豈常習聞軍旅之事？萬一寇兵犯塞，邊書狎至，調兵發食，應接不暇，或恐震驚上心，焦勞聖慮，此兵之不可不息一也。自靈州之役、永樂之敗，關陝之力凋耗，士氣未復。今若再興大役，必有失律違命，散而為盜賊者。外虞方作，內患又起，臣恐朝廷之憂，不在夏國，此兵之不可不息二也。綿地千里，屯兵數十萬，必藉沈謀重望之臣為之統御，忠義拳勇之將出當戰鬥，幹事宣力之臣促辦糧饋。歷數見在之臣，復推近事之驗，恐未足以充備此任，而又兵械皆捐棄之餘，帑庾有乏絕之

憂，此兵之不可不息三也。

先帝以秉常受朝廷爵命，而國母擅行囚廢，故發兵問罪。今梁氏以死，秉常復位，所為恭順，有藩臣之禮。若及此時復其故地，則神宗問罪之名，不為虛語，嗣皇賜地之意，實為先志，此地之不可不棄一也。朝廷自得熙河之地，歲費緡錢五六百萬，後得蘭州，又費百萬以上。所得愈多，所費益廣，拓地之無利，亦已明矣，此地之不可不棄二也。議者或以為蘭州趨夏人巢穴至近，最為形勝，自餘亦有要害，可以增置城堡，棄之非便。陛下若欲再興師旅，收復靈夏之地，則存之可也；若無此意，勞人費財，奉空虛之地，則是又添一熙河也。伏願陛下以清靜為心，仁惠為政，竊恐此事不得更興於今日，此地之不可不棄三也。遼夏二國，世為婚姻，且有唇齒之勢，萬一遼國貽書援先帝興師之意，以梁氏死、秉常復位為辭，來請所失地，則先得我之義理而又奪我之機會矣。此時朝廷欲與地，則是聽遼國之命，而恩歸於彼矣；不與，則是彰先帝之過，虧大國之信，而邊患復興矣，此地之不可不棄四也。中國之所以為可貴者，為有禮義恩信也；彼俗之可賤者，貪婪暴虐也。今操所貴，以臨所賤，則中國尊。與其所欲，已成吾所不欲，則敵人服，此地之不可不棄五也。……

陛下誠能於此時特降明詔，盡以向者王師所得土地還賜夏國，則其君長荷陛下之恩意，人民感朝廷之惠澤。至於鄰敵聞中國之行仁政，吾民與兵知人主之惜人命，則其歡欣之聲、戴仰之心，將有甚於京師與諸夏者矣。伏惟陛下監古公（按：古公亶父）之修德，推宣王（按：齊宣王）之用心，察孟子之至言，晾愚臣之忠計，濬發誠心，斷而行之。臣料不獨敵人感悅，上天監德助順，亦宜福祐無疆矣。〔註3〕

司馬光亦說道：

此邊鄙安危之機，不可不察。靈夏之役，本由我起，新開數砦，皆是彼田，今既許其內附，豈宜靳而不與？彼必曰：「新天子即位，我卑辭厚禮以事中國，庶幾歸我侵疆，今猶不許，則是恭順無益，不若以武力取之。」小則上書悖慢，大則攻陷新城。當此之時，不得已而與之，其為國家之恥，無乃甚於今日乎？羣臣猶有見小忘大，

---

〔註3〕《長編》卷360，元豐八年十月己丑，第8623～8626頁。

守近遺遠，惜此無用之地，使兵連不解，為國家之憂。願決聖心，為兆民計。〔註4〕

右司諫蘇轍亦奏言：

臣近於六月二十八日奏，以西使入界，恐有講和請地之議，乞因此時舉蘭州及安疆、米脂等五寨地棄而與之，安邊息民，為社稷之計。

左司諫王巖叟奏言：

開邊以來，以有限之財，供無窮之費，貪無用之地，民力已困而不可支，人心已危而不可保，兵威已沮而不可恃，不於此時修復信義，為天下休息計，尚可固執，更增後日之患乎？

御史中丞劉摯又言：

臣聞向所得地，在熙河為蘭州，在鄜延為五寨，蘭州本西蕃故地，而五寨本夏戎所有也。……自夏人視之，為必爭之地，彼將以誓約為請。固執不予，彼將困獸而鬥。……皇帝陛下諒闇之際，太皇太后垂簾稱制，正思與民休息，而顧欲戮力血戰，以爭尺寸無用之地？〔註5〕

同知樞密院范純仁也說：「若以所得夏國地土，換易陷蕃人口，如此則便可罷兵息民，陛下仁惠之化得以久行，堯舜之治可以速成，此上策也。」〔註6〕當時的守舊派官員，幾乎一面倒同意將蘭州在內的占領地歸還西夏。

　　實際上，在神宗晚年，同知樞密院事安燾即曾主張「以為鄉所得地非有要害處，故宜予以示恩」，亦即將若干無關緊要之地歸還西夏。而此時宰相、樞密院二府會議，有人甚至主張將熙河一路全部交付西夏，認為「如竊人之財，即為所執，猶不與之，可乎？」對於這種議論，安燾大怒說道：「自靈武以東，皆中國故地，先帝興問罪之師而復之，何乃借諭如是？」宰相右僕射呂公著也表示異議：「先朝所取，皆中國舊境，而蘭州乃西蕃地，非先屬夏人。今天子嗣守先帝地土，豈宜輕以予人？」可見當時即使在舊黨官員內部，也有反對歸還西夏土地的意見。最終，宰相、樞密院二府定議，以浮圖、安疆、葭蘆、定遠四寨歸還西夏。〔註7〕

　　當時二府會議的爭論中，司馬光、蘇轍、王巖叟、劉摯、范純仁主張將包括蘭州在內的城寨一併歸還西夏；呂公著反對棄地；安燾則認為蘭州不可棄，

〔註4〕《宋史》卷486〈夏國傳下〉，第14015頁。
〔註5〕《長編》卷382，元祐元年七月壬戌，第9304～9308頁。
〔註6〕《長編》卷382，元祐元年七月癸亥，第9310頁。
〔註7〕《長編》卷382，元祐元年七月癸亥，第9311～9313頁。

其他無關緊要的堡寨可歸還西夏。可見爭論的關鍵之一,在於歸還土地是否包括蘭州。當時宋朝負責措置熙河路經制財用事的官員穆衍曾指出:「蘭州棄則熙河危,熙河棄則關中動搖。唐自失河湟,吐蕃、回鶻一有不順,則警及國門,逮今二百餘年,非先帝英武,其孰能克復?今一旦委之無厭之敵,恐不足以止寇,徒滋後患爾。」〔註8〕這段話將蘭州的重要性說得非常清楚。此外,蘭州為戰略要地,可溯黃河而上至湟水,進而直抵青唐城(今青海西寧),對西夏的南部造成威脅。(參見圖 7-1-1)這也是宋朝不應放棄蘭州的重要理由。

### 圖 7-1-1 蘭州地理位置圖

當二府決定歸還西夏四寨之地後,高太皇太后以哲宗名義向西夏下詔:

> 汝(西夏)儻能盡以見存漢人送歸中國,復修貢職,事上益恭,仍戢邊酋,無犯邊塞,則朕必釋然,於尺寸之地,復何顧惜。當議特降指揮,據用兵以來所得地土,除元係中國舊寨及順漢西蕃境土外,餘委邊臣商量,隨宜分畫給賜。〔註9〕

高太皇太后表面同意歸還西夏土地,但又設了「將見存漢人歸還中國」、「無犯邊塞」等條件,並且具體歸還事務「委邊臣商量,隨宜分畫給賜」,顯然是採

---

〔註8〕《長編》卷 364,元祐元年正月辛丑,第 8707 頁。關於蘭州的重要性,可參見楊芳:〈北宋蘭州經略述論〉,收於李華瑞、何玉紅編:《陳守忠教授誕辰百年紀念論文集》(北京:中國社會科學出版社,2021 年),第 359~371 頁。

〔註9〕《長編》卷 382,元祐元年七月癸亥,第 9313 頁。

取拖延戰術。高太皇太后雖然反對新法，但是出身於軍事世家，其曾祖父為宋初名將高瓊，其叔父為神宗時期伐夏五路統帥之一的高遵裕，對於軍事不是完全無知，因此，高太皇太后絕不願輕易同意將土地交還西夏，更不會交出軍事重鎮蘭州。因此，歸還四寨而不歸還蘭州，是高太皇太后與守舊派官員達成的最後共識。

除了歸還土地之外，宋朝為了表現對西夏的誠意，高太皇太后下令：「如夏國有首領傳道信息，意欲歸漢，即說諭以夏國已恭順納款，必不收接。若將領部族投來，亦依此婉順說諭約回。如人數眾多，不肯聽從，即量以人馬約出漢界。」〔註10〕亦即不允許西夏首領向宋朝投誠，必要時動用軍隊將西夏降人逐出漢界。

正在宋朝朝廷對於歸還西夏土地問題議論紛紛之際，西夏國主秉常去世。〔註11〕小梁太后攝政，國相梁乞逋「為惠宗（秉常）后梁氏之弟，父子兩代元舅，乃外戚之最盛者」，〔註12〕遂專權秉政，對宋朝僅願歸還四寨而不歸還蘭州的作法不滿，決定進一步「以戰逼和」。

## 二、西夏梁乞逋的「以戰逼和」的戰略

元祐元年七月，西夏國主秉常去世，其子乾順即位，「乾順才數歲，非秉常親近，獨梁乞逋利於持權，與梁氏立之。」〔註13〕當時乾順年僅三歲，其母梁太后（昭簡文穆皇太后）又是國相梁乞逋之妹，於是梁乞逋大權在握。梁乞逋擔任國相之後，不斷向宋朝挑釁。元豐八年五月，梁乞逋才剛剛當上國相，便出兵攻打葭蘆寨，殺宋朝守將王英。〔註14〕八月又侵犯鄜延路。〔註15〕乾順即位後，梁乞逋更窮兵黷武，元祐元年十月，屠殺了意圖歸附宋朝的蕃族。〔註16〕不久，為了讓宋朝同意歸還蘭州等地，梁乞逋轉而表現出恭順的態度，元祐二年（1087）三月，「（西夏）宥州牒送陷蕃人三百一十八口」。〔註17〕然

〔註10〕《長編》卷384，元祐元年八月辛卯，第9369頁。
〔註11〕《長編》卷382，元祐元年七月乙丑，第9316頁。
〔註12〕周春著，胡玉冰校補：《西夏書校補》（北京：中華書局，2014年）卷3〈臣傳〉，第92頁。
〔註13〕王稱：《東都事略》卷96〈安燾傳〉，第821頁。
〔註14〕《西夏書事校證》卷27，第310頁。
〔註15〕《西夏書事校證》卷27，第311頁。
〔註16〕《西夏書事校證》卷27，第315頁。
〔註17〕《長編》卷397，元祐二年三月月末，第9671頁。

而，當梁乞逋發覺宋朝僅願歸還四寨之後，即不斷向宋朝挑釁，企圖「以戰逼和」，以武力迫使宋朝歸還蘭州。

元祐二年五月，西夏聯合西蕃部族領袖鬼章進犯熙河路定西城，宋將吳猛戰死，又進犯蘭家堡、南川寨等地，並在洮州築城。〔註18〕宋朝隨即派遣知岷州种誼收復洮州，並俘虜西蕃領袖鬼章。〔註19〕九月，西夏又入侵涇原路鎮戎軍，為副總管曲珍擊退。〔註20〕元祐三年（1088）正月，西夏攻打河東路府州，宋將鉗宗翊邀擊之。〔註21〕三月，西夏攻德靖砦，宋將米贇、郝普戰死。宋朝下令涇原路總管劉昌祚以涇原萬人駐德順軍，熙河五千人駐通遠軍，據秦鳳要害，以為掎角。夏人又攻蘭州外圍之龕谷砦，宋軍作戰不利，死者幾百人。〔註22〕

從上述的作戰過程來看，梁乞逋襲擾宋朝邊界，遍及熙河、涇原、河東等路，可謂宋夏邊境從南到北無不受到西夏攻擊。但梁乞逋並未集中兵力攻打一處，可見梁乞逋的目的，並非攻佔城池，而是向宋朝施加軍事壓力，讓宋朝備多力分，疲於奔命，最後迫使宋朝同意歸還蘭州的要求。

然而，元祐三年西夏發生旱災，環慶路經略使范純粹奏言：「曾選擇驍勇蕃騎往西界收捉得生口，再三體問，各稱實以旱災，人戶不易，不見旆頭有指揮點集。」〔註23〕梁乞逋因旱災無法點集兵馬，不能再實施騷擾戰術，於是改變策略，於元祐四年（1089）六月再度遣使至宋，請求「以還四寨易蘭州及塞門寨」。〔註24〕對此請求，樞密院認為：「所有蘭州、塞門兩處地土，前詔指述已明，無復更有論請。」〔註25〕高太皇太后也在賜西夏的詔書中說：「漢蕃地土，指諭已明，難從換易。」〔註26〕拒絕了西夏以四寨換蘭州、塞門寨的請求。梁乞逋只好勉強接受宋朝歸還四寨的建議，宋朝以葭蘆、米脂、安疆、浮圖四寨之地，換回永樂之役的宋軍戰俘一百四十九人。〔註27〕

---

〔註18〕 《長編》卷402，元祐二年五月甲申，第9777～9779頁。

〔註19〕 《長編》卷404，元祐二年八月戊戌，第9840～9841頁。

〔註20〕 《長編》卷405，元祐二年九月乙丑，第9869頁。

〔註21〕 《長編》卷408，元祐三年正月乙酉，第9929頁。

〔註22〕 《宋史》卷486〈夏國傳下〉，第14016頁。

〔註23〕 《長編》卷413，元祐三年八月乙酉，第10038頁。

〔註24〕 《長編》卷429，元祐四年六月丁未，第10367頁。

〔註25〕 《長編》卷429，元祐四年六月戊申，第10370頁。

〔註26〕 《長編》卷429，元祐四年六月丁巳，第10375頁。

〔註27〕 《宋史》卷486〈夏國傳下〉，第14016頁。《長編》卷438，元祐五年二月己亥，第10553頁。

　　哲宗同意將邊境葭蘆、米脂、浮圖、安疆四砦交還西夏。〔註28〕其中葭蘆砦在河東路石州，〔註29〕安疆砦在環慶路慶州，〔註30〕米脂、浮圖二寨，則在綏州。在宋朝面對西夏的南北兩路之中，宋朝雖然保住了蘭州，守住了南路的門戶，但北路的門戶卻因此洞開。張多勇、楊蕤認為：元祐四年棄地事件，將米脂、浮圖、葭蘆、安疆四寨歸還西夏，使邊將經營橫山的計劃被朝臣打破，對於北宋邊將來說是最大的悲劇。〔註31〕

　　從交還宋朝的人數僅一百四十九人來看（元祐二年歸還了三百一十八人），梁乞逋對宋朝僅僅歸還四寨的結果深感不滿。因此，對於蘭州，只能採取武力奪取。

## 三、宋夏蘭州之攻防

　　元祐四年以俘換地之後，梁乞逋繼續向宋朝挑釁，元祐五年（1090）五月，梁乞逋命西夏宥州官員致書宋朝保安軍，請求撤廢蘭州城外的質孤、勝如等堡，〔註32〕企圖削弱蘭州的外圍守備力量，孤立蘭州，並製造攻打蘭州的藉口。對西夏此一要求，熙河路經略使知熙州范育奏言：

> 蘭州向藉質孤、勝如川地五十餘頃，皆膏腴上田，有水泉可以灌溉，其收畝數斛，無慮置弓箭手三千人。……蘭州捨此，北距河，南介山，東西境壤無餘，其耕種之地既不足以自食，其州粟日益貴，費日益廣，又況賊兵一出，則立至州之西野，增兵嚴備，無時而已，豈不危哉？此所謂從夏人之請，於本路邊面有無窮之大患者也。〔註33〕

而朝廷守舊派官員對西夏仍舊採取姑息政策，御史中丞蘇轍奏言：

> 臣聞熙河近日創修質孤、勝如二堡，侵奪夏人御莊良田。由此言之，則曲在熙河，非夏人之罪也。……夫蘭州不耕，信為遺利矣，若使夏人背叛，則其為患，比之不耕蘭州，何啻百倍？故臣以為朝廷當權利害之重輕，有所取捨。〔註34〕

〔註28〕《宋史》，卷486，〈夏國傳下〉，第14016頁。
〔註29〕《宋史》，卷86，〈地理志二〉，第2134頁。
〔註30〕《宋史》，卷87，〈地理志三〉，第2151頁。
〔註31〕張多勇、楊蕤：〈西夏綏州——石州監軍司治所與防禦系統考察研究〉，《西夏研究》2016年第3期，第58頁。
〔註32〕《長編》卷442，元祐五年五月丙子，第10636頁。
〔註33〕《長編》卷444，元祐五年六月辛酉，第10684頁。
〔註34〕《長編》卷444，元祐五年六月月末，第10687～10688頁。

最後朝廷採納了范育的意見，回覆西夏：「西河地界如前」，拒絕了西夏的要求。西夏立即「犯質孤、勝如二堡。」〔註35〕蘇轍隨即彈劾范育「妄興邊事」，知熙州范育於六月二十八日改除戶部侍郎，另以葉康直知熙州。〔註36〕

正當熙河路易帥之際，西夏趁機攻毀了蘭州外圍的質孤、勝如兩堡。朝廷又重新任命范育擔任熙河路經略使知熙州之職。〔註37〕由於質孤、勝如兩堡被毀，范育與部將种誼等急招西蕃首領趙醇忠與蕃部千餘人防守蘭州，蘭州得以安定。而蘇轍屢次向高太皇太后彈劾范育、种誼等人，太后表面上對蘇轍的言論「極以為然」，但「訖不能用」。〔註38〕十月，「西賊累犯勝如、質孤堡，縱火穿城」，但宋軍「無所傷」。〔註39〕

元祐六年（1091），梁乞逋見攻打蘭州勝如、質孤堡未有具體成果，四月，「夏人寇熙河蘭岷、鄜延路。」〔註40〕五月，三省、樞密院同進呈熙河、延安二捷報，〔註41〕宋軍擊退了梁乞逋對熙河、鄜延路的進攻。八月「乙卯，夏人寇（秦鳳路）懷遠砦。」〔註42〕九月又轉而北向攻打河東路，「丁亥，夏人寇（河東路）麟、府二州。」〔註43〕元祐七年（1092），梁乞逋又「屢攻綏德城，以重兵壓涇原境，留五旬，大掠，築壘於沒煙峽口以自固。」〔註44〕仍然是採取在宋夏邊境全線騷擾宋朝，迫使宋朝感受軍事壓力，在蘭州問題上做出讓步。

面對西夏的不斷騷擾進攻，宋朝採取的作法是以不主動出擊為原則，避免與西夏發生大規模戰鬥。例如鄜延都監李儀主動出擊，兵敗戰歿，宋朝的反應是：「鄜延路都監兼本路第六將、皇城使李儀，副將、東作坊副使許興故違詔旨，及不遵帥司節制，乘夜出兵入界，與夏賊戰歿，更不推恩贈官。」又聽聞熙河路生擒西夏士兵九人，宋朝下令：「經略司將所獲差人押赴鄜延路經略司，令保安軍移牒宥州，及差人送至界首交割訖奏。」〔註45〕宋朝更下令

〔註35〕《長編》卷444，元祐五年六月月末，第10687頁。
〔註36〕《長編》卷444，元祐五年六月月末，第10689～10690頁。
〔註37〕《長編》卷445，元祐五年七月乙亥，第10715頁。
〔註38〕《長編》卷447，元祐五年八月庚申，第10760頁。
〔註39〕《長編》卷452，元祐五年十二月壬辰，第10843頁。
〔註40〕《宋史》卷17〈哲宗紀一〉第332頁。
〔註41〕《長編》卷458，元祐六年五月己未，第10952頁。
〔註42〕《宋史》卷17〈哲宗紀一〉，第333頁。
〔註43〕《宋史》卷17〈哲宗紀一〉，第333頁。
〔註44〕《宋史》卷486〈夏國傳下〉，第14016頁。
〔註45〕《長編》卷464，元祐六年八月癸丑，第11091頁。

諸路經略司：「密諭諸將，除嚴設隄備以防寇至外，並仰巡護人民，先遠次近，併力收穫，若別無西賊侵犯，不得貪逐小利，輕易出兵，卻致引惹，損壞田稼。」〔註46〕

當時守舊派的蘇轍，對於西北的軍事行動反對最力，蘇轍《龍川略志》記載：

轍曰：「西人引兵十萬壓熙河境上，並不他處作過，專於所爭處殺人，掘崖嶮，其意可見，皆朝廷指揮不直之故。」微仲（按：宰相呂大防）曰：「朝廷指揮亦不至大段不直。」轍曰：「熙河帥臣輒敢生事，奏乞不守誠信，乘西人抽兵之際，移築堡寨。臣以為方今堡寨雖或可築，不知秋深馬肥，西人能復引大兵來爭此否？如此，兵連禍結，必從此始。」諸人皆曰：「今來朝廷已是不許。」轍曰：「幸而朝廷知其非而不許，若不加詰責，帥臣必自以為是，生事不已，或復再有陳乞。」諸人曰：「俟其再乞，詰責未晚。」太皇太后曰：「亦聞多緣引惹致寇，且與約束。」轍曰：「領聖旨，於今來文字添入約束語行下。」然諸人猶曲加保庇，但添「顯屬生事」一句而已。然蘭州六月已遣人深入西界，以遠探為名，殺十餘人。予曰：「邊臣貪功生事，不足示威，但足以敗壞疆議，理須戒約。」不聽。七月，又以河灘打草，遣兵防護為名，殺六七人，生擒九人。微仲覺其不便，欲送還生口。予力贊之，乃具奏其事。轍曰：「邊臣貪冒小勝，不顧朝廷大計，極害事。今送還九人，甚善，然邊臣須當戒敕。」微仲曰：「近日延安將李儀等深入陷沒，已責降，一行人足以為戒。」轍曰：「李儀深入，以敗事被責；蘭州深入，得功，若不戒敕，將為朝廷責其敗事，而喜其得功也。」太皇太后曰：「然，便與戒敕。」〔註47〕

完全反戰的蘇轍將「移築堡寨」、「河灘打草」等事，都視為邊將向西夏挑釁之舉，要求朝廷嚴格約束邊將生事。高太皇太后在蘇轍的要求之下，同意「且與約束」、「便與戒敕」，但呂大防等眾臣明白太皇太后的意思，只是在文書中略加「顯屬生事」數字，應付蘇轍的要求而已。當時宋朝的戰略非常清楚，對於邊將加強防守的軍事行動（如修築堡寨等）並不阻止，但對於擅自主動出擊的

---

〔註46〕《長編》卷476，元祐七年八月己未，第11341～11342頁。
〔註47〕蘇轍：《龍川略志》（北京：中華書局，1982年）卷6〈西夏請和議定地界〉，第36～37頁。

將帥李儀加以懲罰（死後不予贈官），又將俘獲的西夏士兵交還西夏。表面上看，宋朝對夏的態度消極，但實際上，這一作法表現出宋朝方面已看穿西夏騷擾邊境的目的，而示以鎮靜，不隨之起舞，而是希望用時間與空間消耗西夏的國力，迫使西夏主動停戰。

對於宋朝的作法，梁乞逋決定加大對宋朝的壓力，於是遣使與遼國連絡，希望遼國也出兵對宋朝施壓。《遼史・道宗紀》記載：「（大安八年，即宋元祐七年）六月乙丑，夏國為宋侵，遣使乞援。」〔註48〕當時遼道宗耶律洪基曾考慮遣使與宋朝交涉，「遼人為夏國求援，差牛溫仁來泛使，已而聞夏國點集頻數，部族疲於奔命，議臣謂不能為中國大害，豈可以他夷失我朝廷舊好耶？遂罷溫仁之來。」〔註49〕遼道宗最後決定拒絕西夏的要求，並命遼國涿州官員轉告宋朝雄州官員：「奉遼主旨，夏使告乞應援，緣南北兩朝通好年深，難便允從，委涿州牒雄州聞達南朝，相度施行。」〔註50〕梁乞逋聯合遼國的計劃又告破滅。

由於梁乞逋襲擾宋朝邊境獲得若干成果，梁乞逋也越來越驕傲，自稱「沒甯令」，「沒甯令者，華言天大王也。」〔註51〕又經常誇言：「嵬名（指西夏皇族）家人有如此功否？」「中國曾如此畏否？」〔註52〕梁乞逋的野心逐漸暴露，西夏國主乾順的地位也受到了威脅。乾順的母親梁太后為了限制梁乞逋的權力，加強她自己在軍中的地位，遂親自率軍攻打宋朝。元祐七年十月，梁太后親自率軍「攻圍環州及烏蘭、肅遠、洪德、永和等砦，以及合道、木波鎮，凡七日乃解去。」宋將折可適在洪德城大破夏軍，折可適又在水中投毒，西夏軍「人馬被毒，而奔迸踐藉，墮塹谷而死，重傷而歸者，不可勝計。梁氏幾不得脫。」〔註53〕梁太后的首次出擊，吃了敗仗，狼狼的逃回西夏。

梁乞逋不斷向宋朝邊境各路挑釁的目的，是為了分散宋朝在蘭州的兵力，以便尋機再度攻打蘭州。但宋朝方面則趁西夏轉攻他處時，加緊在蘭州外圍修築堡寨，「（秦鳳路提點刑獄）游師雄請自蘭州李諾平東抵通遠定西、通渭之間，建汝遮、納迷、結珠龍三砦及置護耕七堡，以固藩籬；穆衍請於質孤、勝如二

〔註48〕《遼史》卷25〈道宗紀五〉，第305頁。
〔註49〕《長編》卷482，元祐八年三月乙未，第11471頁。
〔註50〕《長編》卷476，元祐七年八月己巳，第11347頁。
〔註51〕沈括：《夢溪筆談》卷25〈雜誌二〉，第241頁。
〔註52〕《西夏書事校證》卷29，第337～338頁。
〔註53〕《長編》卷478，元祐七年十月辛酉，第11383～11384頁。

堡之間，城李諾平以控要害。」〔註54〕由於梁乞逋企圖分散宋朝在蘭州兵力的
目的並未達到，梁乞逋因此改變策略，元祐八年（1093）四月，梁乞逋再度遣
使至宋，要求以蘭州一境易塞門二砦，「詔數其違順不常而卻其請」，〔註55〕宋
朝拒絕了梁乞逋的請求。同年九月，宋朝高太皇太后去世，哲宗開始親政。〔註
56〕紹聖元年（1094）二月，梁乞逋「復遣使再議易地，詔不允。」〔註57〕不
論梁乞逋如何挑釁或乞恩，宋朝對於割讓蘭州的請求完全不予考慮。

　　梁乞逋在西夏專權，引起了梁太后與眾多西夏貴族的不滿，「（梁乞逋）潛
謀篡奪，刑賞自專，梁氏亦為所制。自麟、府還，族子阿革戰死，勢稍殺。環
慶之役，梁氏自將，不使與兵政，乞逋不悅，叛狀益露。大首領嵬名阿吳、仁
多保忠、撒辰等知其謀，集部眾討殺之，滅其家。」〔註58〕為瞭解決梁乞逋擅
政的問題，梁太后必須用非常的辦法，即聯絡反對梁乞逋的勢力，發動政變剷
除梁乞逋。紹聖元年（1094）十月，梁太后聯絡嵬名阿吳、仁多保忠、撒辰等
人，率部眾發動兵變，誅殺了梁乞逋。

　　哲宗親政之後，改年號為「紹聖」，意即紹承先聖、繼承父親神宗遺志之
意，於是哲宗又開始西北開邊的活動。紹聖三年（1096）機會終於來臨，「九
月己亥，邈川首領阿里骨卒」。次年正月「庚寅，以阿里骨子瞎征襲河西軍節
度使、邈川首領」。〔註59〕但瞎征與青唐城的隴拶不合，給予宋朝可趁之機。
據《宋史·王厚傳》記載：

> 會羌酋瞎征、隴拶爭國，河州守將王贍與（王）厚同獻議復故地。
> 元符元年（按：應為元符二年之誤）六月，師出塞。七月，下邈川，
> 降瞎征。九月，次青唐，隴拶出迎，遂定湟、鄯。詔賜隴拶姓名曰
> 趙懷德，進厚東上閤門副使、知湟州。〔註60〕

元符二年（1099）七月，洮西安撫使王贍攻取吐蕃邈川、青唐，改為湟州（今
青海海東市樂都區）、鄯州（今青海西寧市）。當時因為蘭州在宋朝手中，因此
王贍可以由河州出兵，沿黃河、湟水直抵邈川、青唐（詳見下節），完成王韶

〔註54〕《宋史》卷486〈夏國傳下〉，第14016頁。
〔註55〕《宋史》卷486〈夏國傳下〉，第14017頁。
〔註56〕黃以周輯補：《續資治通鑑長編拾補》卷8，元祐八年九月戊寅，第358頁。
〔註57〕《宋史》卷486〈夏國傳下〉，第14017頁。
〔註58〕《西夏書事校證》卷29，第338頁。
〔註59〕《宋史》卷18〈哲宗紀二〉，第345～346頁。
〔註60〕《宋史》卷328〈王韶傳附王厚傳〉，第10583頁。

〈平戎策〉控制河湟的計劃。至徽宗時期，更進一步自鄯州北上，攻擊西夏南部。政和五年（1115），宋朝以熙河路經略安撫使劉法、秦鳳路經略安撫使劉仲武討伐西夏，劉法大破西夏於古骨龍，斬首三千級。政和六年（1116），劉法、劉仲武再攻西夏，攻仁多泉城，「三日不克，援後期不至，城中請降，法受其降而屠之，獲首三千級」。〔註61〕古骨龍城、仁多泉城皆在今青海北部，宋朝已可以從東（陝西）、南（青海）兩面夾攻西夏，對西夏構成了嚴重的威脅。若不是元祐時期宋朝堅決拒絕把蘭州交付西夏，豈會有哲宗、徽宗時期的功業？

　　北宋元祐更化時期，舊黨執政，廢除新法，政策以保守消極為主，對西夏的態度也以不生事端、安撫綏靖為先。在這種背景下，許多舊黨官員主張同意西夏要求歸還土地的請求，並不令人意外。不過，宋朝的高太皇太后出身軍事世家，對於輕易以土地予人的作法本來就較難認同，尤其蘭州戰略地位重要，不僅是防守熙河路與關中的門戶，更具有進一步經略河湟地區的價值，因此，在高太皇太后與舊黨官員們的折衝討論之下，雖然同意將元豐宋夏戰爭時期宋朝攻佔的四座邊境城寨交還西夏，但卻堅決保住蘭州，不容西夏染指。

　　西夏方面，國相梁乞逋也深知蘭州的重要性，為了迫使宋朝將蘭州交給西夏，不斷在宋夏邊境發動騷擾攻擊。《孫子兵法·虛實篇》說道：「善戰者，致人而不致於人。」「故敵佚能勞之，飽能饑之，安能動之。」〔註62〕認為善戰的將領能牽制敵人的軍隊而不被敵人牽制，使安逸的敵人疲於奔命，使飽食的敵人飢餓乏食，使靜止的敵人奔走於途。又說：「故形人而我無形，則我專而敵分。我專為一，敵分為十，是以十攻其一也，則我眾而敵寡。」〔註63〕要讓敵人被戰場形勢所限制，自己則不受限制掌握主動，使敵人備多力分；我則集中兵力主動攻擊，在局部戰場上形成「我眾敵寡」的優勢。宋哲宗時期，西夏不斷向宋朝挑釁，戰火遍及邊境各路，目的就是要使宋朝備多力分，以達到西夏攻取蘭州的戰略目的。

　　當時宋夏邊境的熙河、涇原、環慶、鄜延、河東諸路，都受到了西夏的襲擾，這些襲擾都是《孫子兵法》中所謂的「虛」，其真正的「實」在於攻佔蘭

---

〔註61〕《宋史》卷486〈夏國傳下〉，第14020頁。
〔註62〕程郁、張和生校注：《孫子兵法》（長沙：湖南出版社，1993年）卷6〈虛實篇第六〉，第32頁。
〔註63〕程郁、張和生校注：《孫子兵法》卷6〈虛實篇第六〉，第34頁。

州這個戰略要地。但心態保守的宋朝仍能節節抵抗，不為西夏的威脅所動搖，堅決拒絕交還蘭州。對於採取保守綏靖政策的舊黨政府來說，能做到這一點是很不容易的。

直到高太皇太后去世，哲宗親政，新黨重新執政，蘭州才發揮了它的積極戰略功能，成為宋朝經略河湟，攻佔邈川、青唐的立足點；徽宗時期更進一步從青唐（鄯州）北攻西夏。因此，元祐時期的守成之功，也不應該輕易的一筆抹殺。

## 第二節　哲宗親政與徽宗時期的對夏戰爭

### 一、哲宗時期對熙河路的經營

宋神宗元豐四年（1081）五路伐夏，最重要戰果即是攻佔蘭州。宋朝佔領蘭州的戰略意義，在於可從蘭州直通河湟地區的邈川城（今青海海東市樂都區）與青唐城（即唐之鄯州，今青海西寧市）。神宗熙寧年間創設熙河路時，王韶不斷與沿邊諸族作戰，始能建立熙州、河州等據點，但距離河湟尚有遙遠的距離，河湟地區仍在董氈的控制之下。而宋朝攻佔蘭州之後，可以利用蘭州便捷的水陸交通線，直抵河湟的邈川城與青唐城。根據嚴耕望《唐代交通圖考》所記：「由蘭州西循黃河南岸經廣武梁（湟水入河處之東），赤岸橋（今大夏河至洮河口之間，黃河南岸），亦出鳳林關經龍支縣至鄯州，全程四百餘里。呂溫、劉元鼎先後出使吐蕃，其去程皆取此道。」〔註64〕亦即從蘭州出發，沿黃河向西到達黃河與湟水會合處，再改走湟水北上，可達鄯州，全程約四百餘里。

王韶〈平戎策〉認為「國家必欲討平西賊，莫若先以威令制服河湟；欲服河湟，莫若先以恩信招撫沿邊諸族」，但由於宋朝佔領了蘭州，「招撫沿邊諸族」變成了次要的工作，宋朝可以利用黃河到湟水的便捷交通線，攻佔河湟便指日可待，而不用從河州、熙州翻山越嶺長途跋涉，一路招撫沿邊諸族了。

然而，由於元豐四年五路伐夏與元豐五年（1082）永樂城之役，宋朝遭遇接連大敗，因此終神宗之世，無力再對河湟地區發動進一步的行動。神宗去世後，哲宗即位，又逢高太皇太后垂簾聽政，重用舊黨，不僅未思考利用蘭州的

---

〔註64〕嚴耕望：《唐代交通圖考》（上海：上海古籍出版社，2007 年）第二卷〈河隴磧西區〉，第 511 頁。

戰略地位進取河湟，反而有意將蘭州歸還西夏；西夏國相梁乞逋則不斷對宋朝發動攻擊，企圖迫使宋朝交還蘭州。然而高太皇太后始終未同意將蘭州交還西夏，西夏的多次攻擊也未有太大效果，因此，在元祐年間，蘭州始終掌握在宋朝的手中。

當時河湟的政權也出現變化，元祐元年（1086）二月，「辛未，董氈卒，以其子阿里骨襲河西軍節度使、邈川首領。」〔註65〕董氈之子阿里骨繼承了董氈在河湟的領袖地位，宋朝並賜與河西軍節度使之位，以籠絡之。

西夏方面，梁乞逋死後，小梁太后秉政，繼續攻打宋朝，以掌握兵權，鞏固自己的地位。小梁太后除了繼續派兵攻打宋朝的邊境城堡之外，自己也親自出征。紹聖三年（1096）十月，梁太后帶著國主乾順統率大軍，號稱五十萬，攻打鄜延路，攻破了金明寨，金明寨守兵兩千五百人，僅五人逃脫。這是梁太后親征以來，打的第一場勝仗。〔註66〕紹聖四年（1097）七月，西夏發生了大飢荒，百姓無以維生，只能賣子女到遼國、西蕃以換取食物。此時西夏軍隊離心離德，叛逃降宋的事件不斷發生，九月，蕃官妹納僧哥叛逃投宋。元符元年（1098）三月，監軍阿燕率部族千餘人投宋。四月，大首領嵬名藥默向宋朝投誠。六月，蕃部喝強山、訛心降宋。〔註67〕梁太后在戰事不利、叛逃相繼的危機之下，只能向遼國請求救援，希望遼國派遣援兵，以穩定西夏的人心。但是，遼國的道宗皇帝耶律洪基雖在遼夏邊境集結兵馬，卻不入夏境，而是採取觀望態度。〔註68〕

梁太后為了挽回頹勢，決定再次對宋朝發動大規模的攻擊，元符元年十月，梁太后親率大軍，號稱四十萬眾，攻打平夏城。宋軍在平夏城防守甚嚴，西夏軍建造了名為「對壘」的高車，載數百人，向前推進，車上發射飛石激火，晝夜不息。但宋軍堅守十三天，打退了西夏軍的攻勢。西夏軍戰死數千人，傷者倍之，且糧食日漸缺乏，再加上空中忽起大風，將高車吹倒折斷，使得西夏軍大潰，梁太后只好狼狽而退。〔註69〕

平夏城戰敗之後，西夏國力大損，平夏城戰敗的當月，西夏的御史中丞仁多楚清叛逃降宋。十二月，鈐轄吳名革向宋朝投誠。在這危急存亡之秋，梁太

〔註65〕《宋史》卷17〈哲宗紀一〉，第321頁。
〔註66〕《西夏書事校證》卷30，第340～341頁。
〔註67〕《西夏書事校證》卷30，第344～347頁。
〔註68〕《西夏書事校證》卷30，第346～347頁。
〔註69〕《西夏書事校證》卷30，第347～348頁。

后再度遣使向遼國求援。〔註70〕

　　西夏的國主乾順，此時已經十六歲，對於母親梁太后的專權擅政，十分不滿，於是暗中與遼國勾結，希望遼國協助推翻其母后的統治。遼道宗耶律洪基在元符二年（1099）正月遣使至西夏，在乾順的配合之下，鴆殺了梁太后。而乾順為了報答遼國的恩惠，對遼國採取了「一面倒」的政策，在梁太后死後，立刻出兵攻打叛遼降夏的拔思母部族。遼也派遣簽書樞密院事蕭德崇、禮部尚書李儼為使者，至宋朝為西夏請和。四月，乾順更將梁太后的親信嵬保沒、淩結訛遇等人處死，將梁氏家族的勢力徹底剷除。〔註71〕

　　宋朝方面，高太皇太后去世後，哲宗親政，改元「紹聖」，重新推行神宗的政策，神宗時期王韶〈平戎策〉建議的「欲取西夏，當先復河湟」的計畫重新得到重視。紹聖三年（1096）「九月己亥，邈川首領阿里骨卒」。次年正月「庚寅，以阿里骨子瞎征襲河西軍節度使、邈川首領」。〔註72〕但瞎征與貴族隴拶不合，給予宋朝可趁之機，且當時小梁太后已死，國主乾順掌權，對宋朝不再採取對抗政策，因此王韶之子王厚與洮西安撫使王贍紛紛奏請出兵河湟。據《宋史・王厚傳》記載：

> 會羌酋瞎征、隴拶爭國，河州守將王贍與厚同獻議復故地。元符元年（1098）六月，師出塞。七月，下邈川，降瞎征。九月，次青唐，隴拶出迎，遂定湟、鄯。詔賜隴拶姓名曰趙懷德，進厚東上閤門副使、知湟州。〔註73〕

然而據《宋史・哲宗紀二》的記載：「（元符二年七月）丙寅，洮西安撫使王贍復邈川城，西蕃首領欽彪阿成以城降。……（八月癸巳）瞎征降。……（閏九月癸酉）以青唐為鄯州隴右節度，邈川為湟州，宗哥城為龍支城，俱隸隴右。戊寅，以廓州為寧砦城」。〔註74〕將攻佔邈川、青唐的時間繫於元符二年（1099）。究竟《宋史・王厚傳》與《宋史・哲宗紀二》的記載何者為是？據《長編》卷512元符二年七月丁未條記載：「熙河乞降收接河南邈川首領官職等第及支賜則例，並乞錦襖子、公服、靴、笏、銀帶各三百事。」〔註75〕《長

〔註70〕《西夏書事校證》卷30，第348～349頁。
〔註71〕《西夏書事校證》卷31，第351～354頁。
〔註72〕《宋史》卷18〈哲宗紀二〉，第345～346頁。
〔註73〕《宋史》卷328〈王韶傳附王厚傳〉，第10583頁。
〔註74〕《宋史》卷18〈哲宗紀二〉，第352～353頁。
〔註75〕《長編》卷512，元符二年七月丁未，第12188頁。

編》卷515元符二年九月己未條又載：「隴拶與諸族首領並契丹、夏國、回鶻公主皆出降。」〔註76〕可見王贍、王厚征討河湟的時間應為元符二年。

關於王贍進兵的路線，《長編》卷511引高永年《隴右錄》記載：「知河州王贍以青唐之亂告云云，建言甚力，朝廷從之，命贍主其事。……詔孫路駐河州，贍以河州軍馬為先鋒，總管王湣統熙、岷軍馬策應，以撫納邈川諸酋。」〔註77〕學者顧宏義指出：宋廷命王湣、王贍為正副總管，統軍由河州北渡黃河，沿湟水河谷西進，連克宗哥（今青海平安）、邈川（今青海樂都）諸城。〔註78〕宋軍自河州北上，沿黃河抵湟水，再沿湟水西進攻打邈川城。此時蘭州如果仍在西夏手中，則夏人可由宋軍的背後發動攻擊，切斷宋軍的退路。王贍等人之所以選擇如此進兵，即是因為當時蘭州在宋人之手，宋軍後路無虞，才能選擇此一沿河谷進軍的便捷路線。

圖 7-2-1　王韶規劃路線與王贍行軍路線

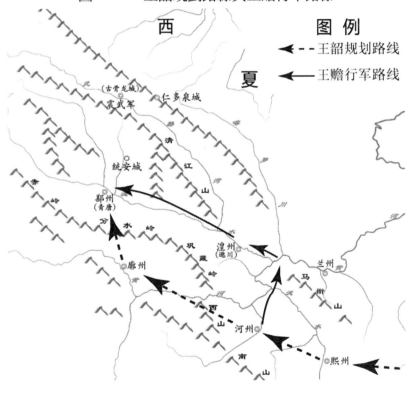

〔註76〕《長編》卷515，元符二年九月己未，第12248頁。
〔註77〕《長編》卷511，元符二年六月月末，第12173頁。
〔註78〕參見顧宏義：〈宋徽宗朝王厚克復湟鄯之戰〉，《「全國首屆王韶學術研討會」會議論文集》（江西：南昌大學，2019年11月），第101～113頁。

　　洮西安撫使王瞻攻取吐蕃邈川、青唐，改為湟州、鄯州，代表著哲宗重新對河湟擴張，又獲得了重大成果，正式恢復了唐朝的鄯州、廓州故地，建立了鄯州、湟州（原邈川城）、寧砦城（唐代之廓州），王韶之子王厚並被哲宗任命為湟州知州。但好景不常，據《宋史·王瞻傳》記載：

　　　瞻縱所部剽敚，羌眾攜貳，心牟等結諸族帳謀復青唐，其在山南者
　　　先發。瞻遣將李賓領二千騎掩襲心牟以下，自守西城與羌鬥。賓踰
　　　南山入保敦谷討蕩，羌戰敗奔北，四山皆空。瞻戮心牟等九人，悉
　　　捕斬城中羌，積級如山。初，瞻諷諸酋籍勝兵者涅其臂，無應者。
　　　籛羅結請歸帥本路為唱，瞻聽之去，遂嘯集外叛，以數千人圍邈川，
　　　夏眾十萬助之，城中危甚。苗履、姚雄來援，圍始解。〔註79〕

吐蕃人心牟等人率眾圍攻青唐（鄯州），籛羅結亦聚眾包圍邈川（湟州），雖未將鄯州、湟州攻陷，但已使宋軍疲於奔命。而適於此時，元符三年（1100）正月哲宗去世，徽宗即位。據邵伯溫《邵氏聞見錄》記載：

　　　紹聖、元符間，章惇用事，謫棄他帥臣，興兵取故地，築新塞，又
　　　取河北湟、鄯等州，關中大困。因哲宗升遐，建中靖國之初，諫議
　　　大夫張舜民，邠人，熟知靈武之敗，永樂之禍，神宗致疾之由，在
　　　經筵為上皇（按：即徽宗）言之，上皇為之感動，故章惇罷相，棄
　　　湟、鄯等州之地。〔註80〕

徽宗決定放棄鄯州、湟州，建中靖國元年（1101）三月，徽宗下詔：

　　　以河西軍節度使趙懷德（即隴拶）知湟州，應首領、部族、三偽公主
　　　並從，請給仍舊，盡賜見在糧草，委之招納攜叛，鎮遏邊境，許以戎
　　　索從事。或願歸青唐，別差人主管邈川，亦聽從便。其元置守臣及官
　　　吏將悉追還。除存留湟州城壁樓櫓外，沿路堡寨並令拆毀。〔註81〕

將河湟地區完全交還於隴拶，並將攻略河湟立有戰功的王瞻、王厚貶官，王瞻「詔配昌化軍」，行至穰縣自縊而死。〔註82〕王厚也「貶右內府率，再貶賀州別駕」。〔註83〕

---

〔註79〕《宋史》卷350〈王君萬傳附王瞻傳〉，第11071～11072頁。
〔註80〕邵伯溫：《邵氏聞見錄》卷5，第42頁。
〔註81〕《宋會要輯稿》，〈蕃夷〉6之39，第9930頁。
〔註82〕《宋史》卷350〈王君萬傳附王瞻傳〉，第11072頁。
〔註83〕《宋史》卷328〈王韶傳附王厚傳〉，第10583頁。

## 二、王厚再度收復湟州、鄯州

　　徽宗崇寧元年（1102），蔡京為相，又以棄河湟為失策。於是在崇寧二年（1103），復命王厚為洮西安撫使，宦官童貫為監軍，出兵湟州：

> 崇寧初，蔡京復開邊，還厚前秩，……命厚安撫洮西，遣內客省使
> 童貫偕往。多羅巴知王師且至，集眾以拒。厚聲言駐兵而陰戒行，
> 羌備益弛，乃與偏將高永年異道出。多羅巴三子以數萬人分據險，
> 厚進擊破殺之，唯少子阿蒙中流矢去，道遇多羅巴，與俱遁。遂拔
> 湟州。以功進威州團練使、熙河經略安撫。〔註84〕

當時王厚兵分兩路，「以岷州將高永年為統制官，權知蘭州姚師閔佐之，及管勾招納王端等，率蘭、岷州、通遠軍漢蕃兵馬二萬出京玉關；厚與（童）貫親率大軍出安鄉關，渡大河，上巴金嶺。」〔註85〕亦即王厚、童貫一路由河州安鄉關出發北渡黃河，大致沿著元符二年王瞻的路線；高永年、姚師閔的另一路則由蘭州出發，沿著黃河入湟水。〔註86〕由於進兵順利，宋軍很快便攻佔湟州，蘭州的戰略地位因此再度凸顯。

　　王厚擊敗吐蕃領袖多羅巴，收復湟州後，被任命為熙河路經略安撫使，崇寧三年（1104）繼續進討鄯州、廓州。三月，「王厚、童貫率大軍發熙州，出師金平，隴右都護高永年為統制，諸路蕃漢兵將隨行；知蘭州張誠為同統制。」由熙州、蘭州兵分兩路而進。同時為了防止西夏騷擾，命「知會州姚師閔權領蘭州，照管夏國邊面。」〔註87〕蘭州進可向西出擊，退可防禦西夏的戰略地位，在此更為明顯可見。此役宋軍進兵順利，很快攻下鄯州，並進而攻取廓州：

> （崇寧）三年四月，厚帥大軍次於湟，命永年（高永年）將左軍循
> 宗水而北，別將張誠將右軍出宗谷而南，自將中軍趨綏遠，期會宗
> 哥川。羌置陳臨宗水，倚北山，溪賒羅撒（隴拶之子）張黃屋，建
> 大旆，乘高指呼，望中軍旗鼓爭赴之。厚麾游騎登山攻其背，親帥
> 強弩迎射，羌退走。右軍濟水擊之，大風從東南來，揚沙瞖羌目，
> 不得視，遂大敗，斬首四千三百餘級，俘三千餘人。羅撒以一騎馳

〔註84〕《宋史》卷328〈王韶傳附王厚傳〉，第10583頁。
〔註85〕楊仲良：《皇宋通鑑長編紀事本末》（哈爾濱：黑龍江人民出版社，2006年）
　　　　卷139〈收復湟州〉，第2331頁。
〔註86〕參見顧宏義：〈宋徽宗朝王厚克復湟鄯之戰〉，《「全國首屆王韶學術研討會」會
　　　　議論文集》，第104頁。
〔註87〕楊仲良：《皇宋通鑑長編紀事本末》卷140〈收復鄯廓州〉，第2349頁。

去，其母龜茲公主與諸酋開鄯州降。……將大軍趣廓州，酋落施軍
令結以眾降，遂入廓州。〔註88〕

王厚又大破吐蕃領袖溪賒羅撒、施軍令結等，收復鄯州、廓州。在徽宗初年一
度被放棄的湟州、鄯州、廓州（寧砦城）等地，又重新納入宋朝熙河路版圖。
王韶〈平戎策〉中「國家必欲討平西賊，莫若先以威令制服河湟」的計劃，至
此完成。由於宋朝控制了鄯州，可以從鄯州北上越過祁連山脈，攻擊河西走廊，
從此熙河路對西夏始構成真正的威脅。

　　宋朝將鄯州、湟州納入版圖之後，熙河路可以分為北中南三部分，北部由
東到西有蘭州、湟州、鄯州三大鎮，可扮演由南向北「脅制西夏」的重要作用。
中部為廓州，扮演溝通熙河路南北的角色。南部的熙州與河州，此時已不再具
有重要的戰略地位了。（參見圖 7-2-2）

### 圖 7-2-2　北宋熙河路形勢圖

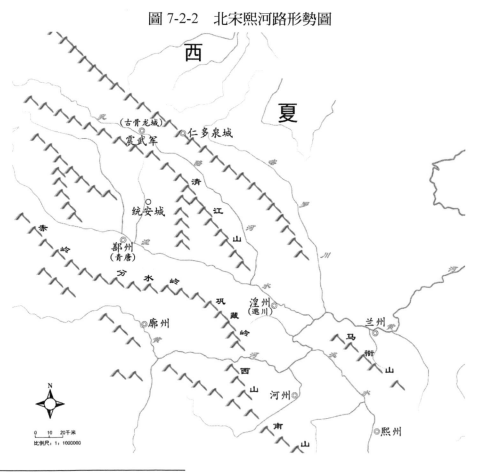

---

〔註88〕《宋史》卷 328〈王韶傳附王厚傳〉，第 10583～10584 頁。

## 三、宋朝脅制西夏與西夏的反應

在完全平定河湟之地後，按照王韶〈平戎策〉的計畫，便應進取西夏。徽宗政和五年（1115）春，童貫遣熙河經略使劉法、秦鳳經略使劉仲武伐西夏，劉法大破西夏於古骨龍（今青海省門源回族自治縣），斬首三千級。〔註89〕宋軍由鄯州北上，攻打位於祁連山以南的古骨龍城，威脅西夏河西走廊腹心之地，這便是王韶〈平戎策〉期待的效果。

攻佔古骨龍城之後，政和五年二月庚午，徽宗以童貫領六路邊事，〔註90〕為發動大規模的戰爭做準備。同年秋，童貫命劉仲武進攻西夏臧底河城（今陝西志丹縣北），《宋史》記載：

> （政和五年）秋，（劉）仲武、王厚復合涇原、鄜延、環慶、秦鳳之師攻夏臧底河城，敗績，死者十四五，秦鳳第三將全軍萬人皆沒。
> 厚懼，厚賂貫而匿之。〔註91〕

按《宋會要‧儀制》記載：「武勝軍節度觀察留後王厚，（崇寧）五年（1106）九月贈寧遠軍節度使。」〔註92〕可見王厚在崇寧五年已去世，追贈為節度使，上述《宋史》所記「王厚」有誤。結合前次古骨龍城之戰來看，宋朝的作法是先命劉法、劉仲武偷襲西夏南面的古骨龍城，誘使西夏分兵至南面防守，然後童貫集中諸路大軍攻打西夏東面（陝西）的臧底河城。不過，此一計畫似乎被西夏崇宗乾順看破，西夏似乎未分兵防守南面，而是以主力與宋軍決戰，因此大破宋軍，並「以數萬騎略蕭關而去」。〔註93〕

政和六年（1116），宋朝「進築古骨龍城，賜名震武城。未幾，改為震武軍。」〔註94〕預備在西夏南面建立根據地，以長期威脅西夏。同時劉法、劉仲武「合熙、秦之師十萬攻夏仁多泉城，三日不克，援後期不至，城中請降，法受其降而屠之，獲首三千級。」〔註95〕根據劉小寧、王科社〈党項仁多氏

---

〔註89〕《宋史》卷486〈夏國傳下〉，第14020頁。
〔註90〕《宋史》卷21〈徽宗紀三〉，第394頁。
〔註91〕《宋史》卷486〈夏國傳下〉，第14020頁。
〔註92〕《宋會要輯稿》，〈儀制〉11之22，第2543頁。
〔註93〕《宋史》卷486〈夏國傳下〉，第14020頁。
〔註94〕《宋史》卷87〈地理志三〉，第2169頁。關於震武軍的位置，學者張生寅有不同看法，認為震武軍應為位於甘肅省永登縣境內水磨溝口的連城古城。參見張生寅：〈北宋震武軍城位置考辨──兼談門源縣境內幾座古城的始築年代〉，《青海社會科學》2009年第1期，第102～106頁。
〔註95〕《宋史》卷486〈夏國傳下〉，第14020頁。

東遷與靜寧「仁大」地名的出現〉一文指出，仁多泉城位於今在西寧北 170
里，即今青海門源縣城珠固鄉楚麻溝完卓口東臺地上。〔註96〕同時，宋將种
師道「以十萬眾復攻臧底河城，克之。」〔註97〕政和六年的進攻宛如政和五
年的翻版，先攻打西夏南面的仁多泉城，誘使西夏分兵防守南面，在全力攻
打西夏東面的臧底河城，而此次宋軍作戰較順利，成功地攻下了臧底河城。
十一月，夏人大舉攻打涇原靖夏城，以報仁多泉城之仇，「時久無雪，夏先使
數萬騎繞城，踐塵漲天，兵對不覩，乃潛穿壕為地道入城中，城遂陷，復屠之
而去。」〔註98〕

　　對於宋朝在古骨龍城築城並改名震武軍一事，實際上改變了宋朝對夏的
戰略。原先宋朝由鄯州出兵攻打古骨龍城，是出西夏不意的奇襲策略，迫使西
夏出兵防守南面，以分散其東面的兵力。然而，宋朝一旦在古骨龍築城，更名
震武軍，改主動奇襲為長期固守，宋朝便須對震武軍進行調兵與補給，由於震
武軍到鄯州已有相當長的距離，距蘭州更是路途甚遠，戰線延伸過長，使得宋
朝對震武軍的派兵與補給，皆不容易，在戰略上反而形成被動局面。

　　宣和元年（1119），童貫又命劉法自熙河出兵，攻打西夏南面：

> 宣和元年，童貫復逼劉法使取朔方。法不得已，引兵二萬出，至統安
> 城，遇夏國主弟察哥郎君率步騎為三陣，以當法前軍，而別遣精騎登
> 山出其後，大戰移七時，前軍楊惟忠敗入中軍，後軍焦安節敗入左軍，
> 朱定國力戰，自朝及暮，兵不食而馬亦渴死多。法乘夜遁，比明，走
> 七十里，至盍朱嶢，守兵見，追之，墜崖折足，為一別瞻軍斬首而去。
> 是役死者十萬，貫隱其敗而以捷聞。察哥見法首，惻然語其下曰：「劉
> 將軍前敗我於古骨龍、仁多泉，吾常避其鋒，謂天生神將，豈料今為
> 一小卒梟首哉！其失在恃勝輕出，不可不戒。」〔註99〕

童貫由西夏南面偷襲的計策，經過政和五年、政和六年兩次經驗，已經被西夏
識破。此次夏主弟察哥已有準備，因此大破熙河經略使劉法於統安城（今青海
省互助縣北）。劉法戰死後，西夏更進一步圍攻震武軍：

> 遂乘勝圍震武，劉仲武、何灌等赴之，乃解去。震武在山峽中，熙、

---

〔註96〕劉小寧、王科社：〈党項仁多氏東遷與靜寧「仁大」地名的出現〉，《絲綢之路》
　　　　2013 年第 14 期，第 5〜8 頁。
〔註97〕《宋史》卷 486〈夏國傳下〉，第 14020 頁。
〔註98〕《宋史》卷 486〈夏國傳下〉，第 14020 頁。
〔註99〕《宋史》卷 486〈夏國傳下〉，第 14020〜14021 頁。

秦兩路不能餉，自築三歲間，知軍李明、孟清皆為夏人所殺。初，夏人陷法軍，圍震武，欲拔之。察哥曰：「勿破此城，留作南朝病塊。」乃自引去。而宣撫司受解圍之賞者數百人，實自去之也。諸路所築城砦皆不毛，夏所不爭之地，而關輔為之蕭條，果如察哥之言。〔註100〕

西夏察哥在統安城之戰後，進而圍攻震武軍，但採圍而不破的策略，誘使宋軍前來救援。果然宋朝劉仲武、何灌來救援震武軍，察哥即退走。此後西夏多次攻打震武軍，震武軍知軍李明、孟清皆為西夏所殺，可見西夏並非不能攻破震武軍，但卻圍而不破，如同察哥所言「留作南朝病塊」，以誘使宋朝派軍來救，使宋朝兵力分散於東（陝西）、南（熙河）兩面。

察哥的作法，成功破解了宋朝以河湟脅制西夏的策略。王韶〈平戎策〉原本計畫讓西夏陷於兩面作戰（東面陝西，南面熙河）的境地，使西夏分兵自弱，讓宋朝有可趁之機。但在宋朝的戰略失誤與察哥巧妙的用兵策略之下，反而使宋朝將主力分兵於陝西、熙河兩面，這一結果，應該是王韶當時意想不到的。

平心而論，宋朝在古骨龍築震武軍城，是過度擴張戰線的失策之舉，因築城則必守，難守必倚援，援震武軍則宋朝將主力分兵東（陝西）、南（河湟）兩面，在戰略上反而落於被動的局面。因此，終北宋之世，宋朝與西夏交兵不斷，互有勝負，但宋朝卻始終難以給西夏致命性的一擊。

王韶〈平戎策〉兩面包圍西夏的戰略觀點，但從神宗熙寧元年上奏〈平戎策〉開始，至徽宗崇寧三年徹底控制鄯州、湟州，前後三十六年，歷經王韶、王厚父子兩代，才告成功。然而從政和五年古骨龍之戰始，卻因戰略上的失策，短短四年之內，西夏便扭轉不利的局面，這種結果，恐非王韶在世時所能逆料。

## 四、哲宗、徽宗時期對橫山地區的經略

哲宗親政以後，「紹聖紹述」，重新恢復神宗時代富國強兵與對外拓邊的政策，除了南路經營熙河路之外，在北路以綏州（綏德軍）為中心，逐步收復沿邊城寨。哲宗元符二年（1099）十一月，「詔綏德城為綏德軍。」〔註101〕「元符二年，改（綏德城）為軍，並將暖泉、米脂、開光、義合、懷寧、克戎、臨

---

〔註100〕《宋史》卷486〈夏國傳下〉，第14021頁。
〔註101〕《宋史》卷18〈哲宗紀二〉，第353頁。

夏、綏平砦、青澗城、永寧關、白草、順安砦並隸軍。」〔註102〕將綏德城的
地位提升為綏德軍。再度開始由橫山向西擴張。直到徽宗崇寧四年（1105）三
月，「戊午，復銀州。」〔註103〕收復銀州者，為陝西轉運副使陶節夫：

> 《陶節夫家傳》：乙酉春，夏人又點集，與本路綏德軍相對，久之，
> 諜者言：「夏人引其兵東矣。」先公（陶節夫）議出師，城銀州，官
> 屬皆不願從，至有引永洛事爭者。又曰：「夏人東出，不過至麟府，
> 此去不踰旬，奈何？」先公曰：「我計之熟矣，夏人必西趨涇原，諸
> 君不我從，我當以二子與士卒同死生。」遂選耿彥端為都統制，而二
> 子從之云云。疾驅至銀州，夏眾來拒者猶萬人，我師即陳，一擊而敗，
> 遂城之，五日而築畢。夏人果趨涇原，擾蕭關築事，洎聞城銀州，引
> 兵來爭，城成已幾月矣。至城下顧瞻，無可奈何而退。〔註104〕

南宋初年名將韓世忠也曾參與其役，《宋史·韓世忠傳》記載：

> 崇寧四年，西夏騷動，郡調兵捍禦，世忠在遣中。至銀州，夏人嬰
> 城自固，世忠斬關殺敵將，擲首隍外，諸軍乘之，夏人大敗。既而
> 以重兵次蒿平嶺，世忠率精銳鏖戰，解去。俄復出間道，世忠獨部
> 敢死士殊死鬥，敵少卻，顧一騎士銳甚，問俘者，曰：「監軍駙馬兀
> 㖫也。」躍馬斬之，敵眾大潰。經略司上其功，童貫董邊事，疑有
> 所增飾，止補一資，眾弗平。〔註105〕

宋軍攻佔了西夏的銀州，自种世衡、种諤以來據守綏州、西出橫山、經略西夏
的策略總算有了較大的成果。

回顧宋神宗之後對綏州的經營，种諤於治平四年誘降西夏守將嵬名山，攻
佔綏州，使得鄜延路的防衛形勢日趨完固，延州已不再受到西夏的侵擾威脅，
但种諤並不以此為滿足，而是更進一步計畫以綏州為據點，越過橫山向西經
略，企圖攻入西夏境內，收復銀、夏等州。

然而，种諤的計劃受到了許多阻礙與挫折，治平四年种諤遭到文官彈劾，
幸有神宗祖護才能官復原職。熙寧四年受韓絳之命攻取銀州，又因慶州軍士的
叛變而失敗。至元豐四年五路伐夏，种諤一度攻入西夏境內，卻因糧運不繼而

〔註102〕《宋史》卷 87〈地理志三〉，第 2149 頁。
〔註103〕《宋史》卷 20〈徽宗紀二〉，第 374 頁。
〔註104〕黃以周輯注：《續資治通鑑長編拾補》卷 25，崇寧四年三月戊午，第 836～
　　　　837 頁。
〔註105〕《宋史》卷 364〈韓世忠傳〉，第 11355 頁。

敗。元豐五年作為綏州前進基地的永樂城堡又遭西夏攻陷，使得「據守綏州、西出橫山」的計劃屢遭打擊，最後不得不嘎然中止，而种諤也在永樂之役失敗後抱憾而終。哲宗親政後，元符二年將綏德城提升為綏德軍，逐步收復沿邊堡寨，「據守綏州、西出橫山」的計劃才重新復活，至宋徽宗崇寧四年收復銀州，這一計劃才有了較為具體的成果。

神宗時期王韶提出〈平戎策〉，計劃收復河湟等地，此一計劃從神宗到哲宗、徽宗基本上是按部就班的推動（雖然元祐更化時期也遭到反對而中止），並完成了建立「熙河路」的成果。與王韶的計劃相比，种諤「據守綏州、西出橫山」的計劃則是命運多舛，到徽宗時才有初步成果，然而隨著靖康之禍，北宋滅亡，這一尚未完成的計劃也消失在歷史舞臺之上。

## 第三節　由征夏到滅遼——徽宗時期戰略轉向

宋徽宗時期的對夏戰爭，過度擴張戰線，在古骨龍築震武軍城，引起西夏不斷進攻，震武軍則必須守城待援，分散了宋朝的兵力。宋朝一旦分兵東（陝西）、南（河湟）兩面，在戰略上就落於被動的局面。因此，終北宋之世，宋朝與西夏交兵不斷，互有勝負，但宋朝卻始終難以給西夏致命性的一擊。在宋徽宗時期，宋朝與西夏的戰爭中，除了上節提到的劉法、劉仲武之外，西北地區還出現了一些重要將領，如种師道、种師中兄弟。

种師道、師中兄弟為种氏家族繼种諤之後的代表人物。种師道、師中兄弟為种世衡七子种記之子。种師道以父蔭為三班奉職，後換文資，歷任熙州推官、權同古縣、原州通判、秦鳳路提舉常平司，因反對蔡京新法，又換官為武階莊宅使，並被蔡京列入「元祐黨籍」而屏廢十年。後重新起用，為武功大夫、忠州刺史、涇原都鈐轄、知懷德軍。〔註106〕但是重新起用後的种師道，對於蔡京與童貫等當朝權貴，仍採相當疏離的態度：

> 童貫握兵柄而西，翕張威福，見者皆旅拜，師道長揖而已。召詣闕，徽宗訪以邊事，對曰：「先為不可勝，來則應之。妄動生事，非計也。」貫議徙內郡弓箭手實邊，而指為新邊所募。帝復訪之，對曰：「臣恐勤遠之功未立，而近擾先及矣。」帝善其言，賜襲衣、金帶，以為提舉秦鳳弓箭手。時五路並置官，帝謂曰：「卿，吾所親擢也。」貫滋

不悅，師道不敢拜，以請，得提舉崇福宮。久之，知西安州。〔註107〕
种師道對童貫「長揖而不拜」，對於邊事主張「妄動生事，非計也」，又反對童貫將內地弓箭手移駐邊境的計劃，可見种師道對於當權的新黨，採「敬而遠之」甚至「消極反抗」的態度。

然而，一旦受命出征，种師道即展現勇猛善戰的武將家族本色。政和五年（1115），童貫命劉仲武「合涇原、鄜延、環慶、秦鳳之師攻夏臧底河城，敗績，死者十四五，秦鳳第三將全軍萬人皆沒」。〔註108〕次年（政和六年，1116），童貫不甘失敗，命种師道再攻臧底河城：

> 又詔（种師道）帥陝西、河東七路兵征臧底城，期以旬日必克。既薄城下，敵守備甚固。官軍小息，列校有據胡床自休者，立斬之，尸於軍門。令曰：「今日城不下，視此。」眾股栗，謀而登城，城即潰，時兵至纔八日。帝得捷書喜，進侍衛親軍馬軍副都指揮使、應道軍承宣使。〔註109〕

在前一年劉仲武、王厚攻臧底河城時，宋軍死傷慘重，大敗而歸；而事隔一年，种師道卻僅以八日的時間，迅速攻克臧底河城，可見其用兵之高明。

正在此時，遼國境內的女真族崛起，徽宗政和四年（1114）十月，女真完顏阿骨打起兵叛遼，政和五年正月稱帝，國號「金」。眼見遼國出現內亂，宋徽宗也將拓邊經略的焦點，由西夏轉向遼國，希望完成太祖、太宗收復燕雲十六州的遺願。重和元年（1118）二月，徽宗遣武義大夫馬政渡海使金，約夾攻遼。宣和二年（1120）二月，徽宗又派遣趙良嗣使金；八月，再派馬政使金。最後與金協議，雙方約定宋取燕京等地，而以輸遼之歲幣輸金。

宣和四年（1122）三月，徽宗以童貫為河北河東宣撫使舉兵伐遼。當時种師道反對「聯金滅遼」的計劃：

> （童）貫謀伐燕，使師道盡護諸將。師道諫曰：「今日之舉，譬如盜入鄰家不能救，又乘之而分其室焉，無乃不可乎？」貫不聽。既次白溝，遼人謀而前，士卒多傷。師道先令人持一巨梃自防，賴以不大敗。遼使來請曰：「女真之叛本朝，亦南朝之所甚惡也。今射一時之利，棄百年之好，結豺狼之鄰，基他日之禍，謂為得計可乎？救

〔註107〕 《宋史》卷335〈种世衡附种師道傳〉，第10750頁。
〔註108〕 《宋史》卷486〈夏國傳二〉，第14020頁。
〔註109〕 《宋史》卷335〈种世衡附种師道傳〉，第10751頁。

災恤鄰，古今通義，惟大國圖之。」貫不能對，師道復諫宜許之，
　又不聽，密劾其助賊。王黼怒，責為右衛將軍致仕。〔註110〕
种師道因反對「聯金滅遼」的計劃，被王黼、童貫等彈劾，因此致仕退休。

　　然而宋朝攻遼的行動並不順利，宋軍為遼將耶律大石、蕭幹所敗。宣和四年十月宋徽宗再遣劉延慶、郭藥師（遼降將）伐遼，又為蕭幹所敗。十二月，金人攻佔燕京，遼國滅亡。

　　宣和五年（1123），宋徽宗遣趙良嗣至金議燕地，宋許歲幣四十萬外，另加「燕京代稅錢」一百萬緡，金朝最後同意了宋朝的要求。四月，童貫、蔡攸至金交割燕京與涿、易、景、順、檀、薊六州之地。童貫獻捷表賀班師。學者陶晉生指出：北宋以最小而且失敗的軍事行動，和相當笨拙的外交手腕，換取了燕京及若干失地，不可不說是難得的機會帶來的成功。直到當時為止，聯金滅遼的政策在原則上是正確的。如果北宋君臣有自知之明，不被這一偶然的成功沖昏了頭，積極從事河北防務的鞏固，嚴守新訂的條約，未嘗不能再造類似與遼對峙的局面。〔註111〕

　　然而，宋朝卻沒有這種自知之明。宣和五年六月，降金之遼將張覺以平州歸降宋朝，宋朝接納之，於是金朝責備宋人敗盟，十一月，金朝派遣幹離不（宗望）攻平州，宋朝慌亂之餘，殺張覺，函其首畀金，但仍未能阻止金人的攻勢。此時金太祖完顏阿骨打崩，弟吳乞買立，是為金太宗。

　　宣和七年（1125）十月，金太宗以幹離不、粘沒喝（宗翰）兵分東西兩路伐宋。十二月，粘沒喝圍太原，幹離不長驅直入，兵臨汴京城下。宋徽宗慌張之下讓位於太子桓，是為宋欽宗，徽宗自號太上道君皇帝，逃往南方，留欽宗在汴京與金人周旋。

　　靖康元年（1126），金兵南下包圍汴京。欽宗「加（种師道）檢校少保、靜難軍節度使、京畿河北制置使，聽便宜檄兵食。」〔註112〕种師道受命之後，曾作詩明志，說道：「飛蛾視火殘生滅，燕逐群鷹命不存，從今一掃胡兵盡，萬年不敢正南行。」〔註113〕抱病與姚平仲率軍入衛汴京。《宋史‧种師道傳》

---

〔註110〕　《宋史》卷335〈种世衡附种師道傳〉，第10751頁。
〔註111〕　陶晉生：《宋遼關係史研究》（臺北：聯經圖書公司，1984年），第214～215頁。又見陶晉生：《宋代外交史》（臺北：聯經出版公司，2020年），第237頁。
〔註112〕　《宋史》卷335〈种世衡附种師道傳〉，第10751頁。
〔註113〕　趙令畤：《侯鯖錄》（北京：中華書局，2002年）卷7〈种師道詩〉，第173頁。

記載：

> （姚）平仲慮功名獨歸种氏，乃以士不得速戰為言達於上。李綱主其議，令城下兵緩急聽平仲節度。帝日遣使趣師道戰，師道欲俟其弟秦鳳經略使師中至，奏言過春分乃可擊。時相距纔八日，帝以為緩，竟用平仲夜營，以及於敗。既敗，李邦彥議割三鎮，師道爭之不得。〔註114〕

姚平仲為了爭功，主張立即與金兵開戰，种師道則主張再等八日，俟其弟秦鳳經略使种師中率援兵抵達，再與金兵作戰。欽宗採用姚平仲之議，命姚平仲率軍攻擊金兵，結果大敗，金人以宋人挑釁，逼迫欽宗派李邦彥與金人交涉，割讓太原、中山、河間三鎮。

姚平仲兵敗時，种師道曾建議趁金兵大勝而驕之時，再度發動進攻。「姚平仲謀劫虜寨，欽廟（宋欽宗）以詢种彝叔（种師道），彝叔持不可甚堅。及平仲敗，彝叔乃請速再擊之，曰：『今必勝矣。』或問：『平仲之舉為虜所笑，奈何再出？』彝叔曰：『此所以必勝也。』然朝廷方上下震懼，無能用者。彝叔可謂知兵矣。」〔註115〕但种師道的計劃並未受到重用。

金兵退兵後，种師道被解除兵權，「罷為中太一宮使」，後雖重新起用，「加檢校少師，進太尉，換節鎮洮軍，為河北、河東宣撫使，屯滑州，實無兵自隨。」後來欽宗毀棄日前與金人之和議，拒絕割讓三鎮，並派遣种師中率軍追擊金兵，結果种師中戰死，金人則以宋廷再度敗盟，又大舉南下包圍汴京，此時种師道已病重，十月病卒。〔註116〕至閏十一月，汴京淪陷，徽宗、欽宗被俘。

种師道之弟种師中，為秦鳳路經略使，據《宋史・种師中傳》記載：靖康元年金兵初次包圍汴京時，种師中奉命率兵增援汴京，「未至而敵退」，後欽宗任命姚古為河北制置使，种師中為副使，命率軍北上收復太原、中山、河間諸鎮，「古援太原，師中援中山、河間」，當時樞密院許翰催促种師中進兵，「且責以逗撓」。种師中歎曰：「逗撓，兵家大戮也。吾結髮從軍，今老矣，忍受此為罪乎！」於是約姚古、張灝俱進。五月，抵壽陽之石坑，為金人所襲。五戰三勝，回趨榆次，去太原百里，而姚古、張灝失期不至。种師中陷於金兵圍攻之中，「右軍潰而前軍亦奔，師中獨以麾下死戰，自卯至巳，士卒發神臂弓射

---

〔註114〕《宋史》卷335〈种世衡附种師道傳〉，第10752～10753頁。
〔註115〕陸游：《老學庵筆記》（北京：中華書局，1979年）卷4，第45頁。
〔註116〕《宋史》卷335〈种世衡附种師道傳〉，第10753頁。

退金兵,而賞賚不及,皆憤怨散去,所留者纔百人。師中身被四創,力疾鬥死」。
〔註117〕當時种師道、种師中之弟种師閔,也率軍在井陘與金兵遭遇,為金將
完顏宗望擊敗。據《金史》記載:

>（天會四年九月）辛未,宗望破宋种師閔軍於井陘,取天威軍,克
>真定,殺其守李邈。〔註118〕

种師閔戰敗後,生死不詳。

　　种師中身為秦鳳路經略安撫使,率兵至汴京勤王,從這裡我們也可看出在
將兵法實施之後,安撫使（兼都總管）的地位提高,成為一路的最高統帥,不
再是北宋前期「其實一大郡守耳」、「調兵粟賦,莫之適從」的情況。然而安撫
使地位提高、指揮權整合等上層軍事指揮體系的改革,並不能完全挽回宋朝軍
力不振的頹勢,种師中仍然在作戰中兵敗殉國。

　　种氏家族在北宋後期的對夏戰爭之中,扮演了相當重要的角色。种諤積極
進取,甚至影響宋廷的決策,促使神宗在元豐四年（1081）對西夏發動戰爭。
种師道則守成持重,與其伯父迥然不同。种師道一方面受到新黨蔡京、童貫、
王黼等人的排擠,一方面又不為欽宗所信任,最後在汴京城破前病死。隨著北
宋的滅亡,「种家將」的勢力也因此中斷。

# 本章小結

　　王韶的〈平戎策〉,主張「國家必欲討平西賊,莫若先以威令制服河湟;
欲服河湟,莫若先以恩信招撫沿邊諸族」,征服河湟的目的,是為了威脅西夏
腹心之地——河西走廊,讓西夏分兵自弱。不過為了達到這個目的,要先招撫
沿邊諸族,進而控制河湟地區,勞師動眾,耗費龐大,因此在熙寧七年攻佔河
州之後,便無力再進行下去。

　　元豐四年五路伐夏,熙河路李憲攻佔蘭州,為王韶〈平戎策〉取得了翻身
復活的機會。自蘭州沿黃河、湟水北上,可以抵達邈川城（湟州）與青唐城（鄯
州）,讓王韶的〈平戎策〉不必再耗兵糜餉於征服沿邊諸族,而是可以直取河
湟之地。這一修正的方案,在哲宗「紹聖紹述」開始付之實行,王贍、王厚先
後攻佔邈川（湟州）、青唐（鄯州）等地,雖然徽宗初年一度放棄河湟,但是

---

〔註117〕《宋史》卷335〈种世衡附种師中傳〉,第10754～10755頁。
〔註118〕脫脫:《金史》（北京:中華書局,1975年）卷3〈太宗紀〉,第55頁。

在王厚的積極經營之下，終於確定將湟州、鄯州納入了宋朝熙河路的版圖之中，完成了其父王韶「制服河湟」的目的。

「制服河湟」之後，便是要以河湟（熙河路）為根據地，向北進窺西夏的河西走廊，以威脅其腹心之地，使西夏陷於東、南兩面作戰的困境，政和五年的古骨龍城之戰，政和六年的仁多泉城之戰，便是這一戰略構想的產物。然而宋朝過度擴張戰線，在古骨龍築震武軍城，分散了宋朝的兵力；而西夏在宋朝兩次得手之後，也瞭解了宋朝的戰略，採取對應之策。因此宋朝第三次自熙河路大舉向北進攻，卻遭到西夏的阻截，致劉法戰死於統安城。西夏更進而圍攻震武軍，誘使宋軍前來救援，反而使宋朝落於兩面作戰的境地。故終北宋之世，宋朝與西夏戰爭不斷，互有勝負，但宋朝卻始終難以給西夏致命性的一擊。

隨著金人崛起，遼國內亂，宋徽宗也將戰略眼光轉向遼國，希望趁機收復燕雲十六州之地。於是將大軍從西夏戰線調離，轉而向遼國作戰。北宋對遼的軍事行動乏善可陳，但是卻趁遼國滅亡的機會，意外的「收復」燕京，形式上完成了太祖、太宗未完之志。然而隨著宋金戰爭的爆發，北宋很快滅亡，宋神宗以來為了征討西夏而在西北地區建設的主力大軍，也在宋金戰爭中消耗殆盡。

# 第八章　結　論

## 一

透過本書的介紹，我們看到宋神宗時代的軍事改革與夏經略，代表了宋神宗想要一雪祖宗敗於西夏之恥，追求富強的目標。然而，由於現實上各種問題的制約，宋神宗的理想最後並沒有完全完成，宋哲宗、宋徽宗子承父志，將宋神宗制定的目標向前更推進了一步，但也不能真正實現神宗的鴻圖大志。

本書緒論中曾提到，一場戰爭的決策，可分成三個層級，第一為國家戰略層級，又稱「大戰略」（Grand Strategy），以宋仁宗時期的宋夏戰爭為例，宋仁宗寶元元年（1038），元昊稱帝，國號「夏」，當時宋朝的國家戰略不是要徹底征服西夏，而是要逼迫元昊取消帝號，重新向宋朝稱臣。國家戰略的制定過程，宰相、樞密使等文武官員可以參與決策，提出建議，但戰略的最後決定者為皇帝。武將通常沒有資格參與制訂國家戰略，仁宗時期武將出身的狄青官至樞密使，得以參與決策，便引起朝臣物議，「人情頗疑，乃罷（狄）青為同中書門下平章事，出判陳州」。〔註1〕狄青去職後，次年即憂懼而卒。

第二為「軍事戰略」（Military Strategy）層級，在國家戰略之下，由戰區統帥為了作戰而制定的策略為軍事戰略。北宋中期之後，邊境各路的軍事統帥「都部署」多由文官安撫使兼任，武將最高只能官至「副都部署」，故軍事戰略的決定權掌握在文官統帥手中。例如宋夏戰爭時期，康定元年（1040）「三川口之戰」後，宋朝以夏竦為陝西都部署兼經略安撫使，韓琦、范仲淹為副使，

---

〔註1〕《宋史》卷290〈狄青傳〉，第9721頁。

韓琦、范仲淹兩人的軍事戰略即有明顯不同。范仲淹主張採守勢,認為:「鄜、延密邇靈、夏,西羌必由之地也。第按兵不動,以觀其釁,許臣稍以恩信招來之。不然,情意阻絕,臣恐傭兵無期矣。若臣策不效,當舉兵先取綏、宥,據要害,屯兵營田,為持久計,則茶山、橫山之民,必挈族來歸矣。拓疆禦寇,策之上也」。〔註2〕韓琦則主張採攻勢,認為:「元昊雖傾國入寇,眾不過四、五萬人,吾逐路重兵自為守,勢分力弱,遇敵輒不支,若併出一道,鼓行而前,乘賊驕惰,破之必矣」。〔註3〕至於武將,如當時的環慶副部署任福,「朝廷欲發涇原、鄜延兩路兵討賊,議未決,詔環慶副部署任福乘驛詣涇原計事」。〔註4〕任福雖可參與計事,卻只有建議之權。

第三為「戰術」(Tactics)層級,在兵戎相見的第一線戰場上,實際戰鬥的策略為「戰術」。戰術包括了如何前進、如何後退、如何攻城、如何野戰、如何紮寨、如何偷襲敵軍、如何防範偷襲、如何蒐集情報、步卒騎兵如何搭配、後勤補給如何運送等,這個層面才由武將負責。前面提到的任福,於慶曆元年(1041)受韓琦之命率軍出擊,結果任福「芻糧不繼」、「墮賊計」,〔註5〕戰術上的失敗,導致好水川戰役宋軍大潰,任福戰死,宋軍死者萬餘人。

由上述宋夏戰爭的例子可以看出,國家大戰略由皇帝決定,文官統帥負責戰區的軍事戰略,武將對軍事戰略雖有建議之權,但決定權在文官統帥。武將實際掌握的,只限於戰場上的戰術層面,是國家戰略、軍事戰略的基層執行者。這便是宋朝「以文制武」政策的體現。

宋神宗時期對西夏經略的「國家戰略」,是一方面由种諤經營綏州,計劃攻取橫山之地,斷西夏左臂;一方面採用王韶〈平戎策〉的計劃:「欲脅制西夏,必先攻佔河湟;欲攻取河湟,必先招撫沿邊諸族。」並由王韶著手負責規劃軍事戰略,付諸實行。王韶在攻佔熙州、河州,設立熙河路之後,由於耗費太多,加上王安石第一次罷相的影響,此一國家戰略便暫告中止。

元豐四年,西夏發生政變,使得原本陷入停滯的拓邊計劃出現了新的轉機,此時宋神宗主張從正面全力攻打西夏,動員了三十萬以上的軍隊,加上數十萬的民夫,可謂是當時世界上規模最大的軍事動員。不過宋朝空有龐大的兵力與各種高科技火器,卻因後勤運輸能力落後,使得戰爭功虧一簣。反而是西

〔註2〕《宋史》卷314〈范仲淹傳〉,第10270頁。
〔註3〕《宋史》卷312〈韓琦傳〉,第10222頁。
〔註4〕《長編》卷131,慶曆元年二月己丑,第3100頁。
〔註5〕《長編》卷131,慶曆元年二月己丑,第3101頁。

夏在梁太后的領導下，抓住宋朝的弱點，避實擊虛，偷襲宋軍的運補路線，加深了宋朝軍隊的缺糧危機。元豐四年的對夏戰爭因此以宋朝大敗收場。

經歷了元豐四年、五年的靈州、永樂之役，神宗時期王安石變法以來累積的軍力與財賦幾乎耗竭，宋神宗也因此鬱鬱不樂，於元豐八年去世。神宗去世後，舊黨當政，對於拓邊計劃更是全面反對，甚至要將蘭州城歸還西夏，幸而高太皇太后出身軍事世家，知道蘭州的重要性，始終未在司馬光、蘇轍等人的勸說之下，將蘭州交還給西夏，為日後進一步拓邊行動奠定了基礎。宋朝的保守消極政策一直到哲宗親政後，才重新將王韶的〈平戎策〉加以修正後重新實行。在王瞻、王厚的軍事戰略中，因為此時宋朝已經攻取了蘭州，要攻佔河湟不太需要翻山越嶺長途跋涉，而是可以利用湟水、黃河的便捷水路，快速攻取邈川（湟州）、青唐（鄯州），達到征服河湟的目的。

宋徽宗初年一度調整國家戰略，放棄河湟之地，導致王瞻自縊而死。然而不久徽宗又重新恢復經營河湟的國家戰略，命王厚重新收復河湟，並開始由河湟出兵威脅西夏，真正完成了王韶〈平戎策〉的規劃。

徽宗政和時，為了討伐西夏，當時童貫的軍事戰略，是先讓宋軍由河湟出兵，偷襲西夏南部，使西夏兵力移往南方，然後在東部發動大規模進攻，讓西夏陷於兩面作戰的困局。政和五年，宋軍先由河湟出兵攻打西夏南部的古骨龍城，再大舉進攻西夏東部的臧底河城；政和六年宋軍先由河湟出兵攻打西夏南部的仁多泉城，再大舉進攻西夏東部的臧底河城，都是這一軍事戰略的具體實踐。不過，宋朝進一步在古骨龍城設置震武軍，並派兵駐防，改機動偷襲為固守防禦，此一軍事戰略的改變，使得宋朝必須在西夏的東面、南面駐兵防守；西夏則可對震武軍攻而不破，「留做南朝病塊」，迫使宋朝增兵設防，並導致宋將劉法在統安城戰死。童貫軍事戰略的失誤，使得宋朝與西夏之間的戰爭連綿不斷，宋朝始終無法對西夏施以致命的一擊。

以上是從國家戰略與軍事戰略的層面，分析北宋神宗時期與哲宗徽宗時期，在經營河湟與對夏經略的得失。

二

關於宋神宗本人的軍事決策與領導統御方面，本書也探討了宋神宗心中的理想與領導統御上的表現，並評價北宋後期軍事改革與西北經略的得失。本書認為北宋神宗時期的軍事改革與對夏政策，宋神宗才是的真正決策者，王

韶、蔡挺、种諤等人建議的計畫，是得到神宗同意後才付諸實行，宰相王安石
扮演的角色有限。宋神宗的熙寧變法，宰相王安石實際負責的領域，偏重於財
經與教育的改革，而軍事改革與對外政策，則出於宋神宗之獨斷。宋神宗時期
對外決策大多出於神宗個人的意志。至哲宗（元祐更化時期除外）、徽宗時期，
則大體遵循神宗的政策，繼續西北經略的計畫。

然而，軍事改革與西北拓邊等政策，不為強調德治的儒家士大夫（包括王
安石）所樂見，故神宗偏向用「非典型」文官（好言軍功者，如蔡挺、王韶）、
武將（种諤、高遵裕）與宦官（如李憲、王中正），以執行其政策。這一作風
延續到哲宗、徽宗，故徽宗時以童貫領六路邊事，委以西北軍事大權，其根源
實起於神宗。

此外，宋神宗在領導統御上也有嚴重的缺失，表現在下列三個方面：一為
越級指揮，直接干預前線的行軍作戰方式，例如在元豐宋夏戰爭期間，命令种
諤以槍排架橋以便軍隊渡河，完全是不切實際的紙上談兵之舉；又如拒絕种諤
的警告，堅持在無水源的永樂城修築堡寨，導致元豐五年永樂之敗。其次，宋
神宗還有朝令夕改的缺點，如元豐四年伐夏時，先命种諤隸屬王中正節制，後
又改令种諤不隸於王中正，導致王中正準備不及，其軍因缺糧而敗。其三，對
於幕僚單位的忽視，神宗時期的樞密院，往往不參與軍事決策，軍事的重大決
策由邊臣將帥與神宗討論後即付諸實行，因此決策缺乏嚴謹性。

神宗在領導統御上出現這些缺點，實際上與宋朝的「祖宗家法」有關，宋
朝強調「將從中御」，宋太宗甚至授「陣圖」於前線將帥，直接指揮作戰部署。
雖然仁宗時期以文官為安撫使，將從中御的問題已有改善，但仍強調「以文制
武」，對武將仍有諸多限制，影響所及，神宗亦不能免。而太祖用兵，曾用樞
密使吳廷祚言討伐李筠，征李重進時曾問計於樞密副使趙普，平後蜀之後採用
樞密使李崇矩的建議盡釋兩川賊黨妻子，樞密使作為皇帝的軍事幕僚，在「將
從中御」時尚能對皇帝提出建言，彌補其缺點，但宋神宗卻對樞密院采疏離的
態度，導致在軍事指揮上產生了各種問題，甚至影響了軍事行動的成敗。

## 三

關於軍事制度的改革方面，將兵法是神宗時期軍事改革中最重要的政策，
歷來對於將兵法的研究，不論是肯定或否定其成效者，皆僅重視專置將官訓練
士卒，忽視了將兵法改變了北宋前期禁軍分隸各州不相統屬的問題。本書根據

相關史料，認為將兵法的特色，在於將駐泊、屯駐、就糧禁軍乃至廂兵、弓箭手、蕃兵等，都納入了新的編制──「將」之中，「將」隸屬於各路都總管（都部署改名）統一指揮，可收統一事權，集中調度的效果，改善了軍事指揮體系。由安撫使兼任都總管，得以指揮各將，大大提升了安撫使的職權與地位，這是以往研究者未曾重視之處。元豐四年到五年（1081～1082）的宋夏戰爭，宋朝組織了五路大軍數十萬人討伐西夏，一次動員如此龐大的部隊，在北宋歷史上實屬罕見。雖然元豐四、五年的宋夏戰爭，以宋軍大敗告終，但是宋軍強大的動員能力，是值得我們重視的。然而，這種改革也僅限於上層軍事指揮階層的改革，至於基層的龐大軍隊，仍然是「舊瓶裝新酒，換湯不換藥」，士兵的訓練方式與戰鬥力，都未見明顯的提升。

軍器監的設置，促進了宋朝武器的生產與改良。我們從《武經總要》中，已經看到宋朝軍事科技的先進，各種先進的火器都在宋朝軍隊中服役使用。然而，先進的武器也增加了宋朝後勤補給的負擔。從元豐四年宋夏戰爭的例子中，我們可以看到，在後勤補給制度沒有明顯改進的情況之下，宋朝軍隊一方面要運送各種新式武器，一方面要進行長距離的軍事行動，導致宋軍後勤不繼，補給線過長，結果被西夏攔腰截斷，最後導致宋軍的失敗。

至於保甲法的實施，代表了唐宋以來士大夫「兵農合一」的理想與願望。然而實施之後，一方面百姓在「募役法」（免役法）的制度下免服勞役，改繳免役錢；一方面又要求百姓服保甲之役，按時訓練。於是百姓依舊服役（由勞役改為保甲），但多交了一筆免役錢，實際上增加了百姓的負擔。由此可見，施政時各種新政策，應特別注意與政府其他政策配套時是否會出現問題。單一政策的用意與理想可能是好的，但和其他政策放在一起，可能就變成擾民的酷政。

從上面的討論中，我們可以看到，北宋後期的軍事改革與對夏經略，雖有富國強兵、洗雪國恥的理想與目標，但是在實際執行的過程中，卻遇到相當多的問題，走了許多彎路。如果當時宋朝官員能夠和衷共濟，不因新舊黨爭導致政局紛擾，也許可以讓宋神宗的決策更為完善成熟，在戰場上取得更好的效果。

元豐七年（1084）宋神宗賜李憲詔，說道：

> 夏國自祖宗以來，為西方巨患，歷八十年，朝廷傾天下之力，竭四
> 方財用，以供饋餉，尚日夜惴惴焉，惟恐其盜邊也。若不乘此機際，

朝廷內外并力一意，多方為謀經略，除此禍孽，則祖宗大恥，無日
可雪；四方生靈賦役，無日可寬；一時主邊將帥得罪天下後世，無
時可除。〔註6〕

這一段話，正是宋神宗在位期間每日孜孜以求的理想，也是其子哲宗、徽宗子
承父志，戮力以赴的目標，至於成與未成，是非功過，則留待後世史家討論評
說了。

---

〔註 6〕《長編》卷349，元豐七年十月癸巳，第 8376 頁。

# 參考文獻

## 一、古籍史料

1. 馬端臨：《文獻通考》，北京：中華書局，2011 年。
2. 王安石：《臨川文集》，影印文淵閣四庫全書本第 1105 冊，臺北：台灣商務印書館，1986 年。
3. 王栐：《燕翼貽謀錄》，北京：中華書局，1981 年。
4. 王闢之：《澠水燕談錄》，北京：中華書局，1981 年。
5. 王稱：《東都事略》，濟南：齊魯書社，2000 年。
6. 王銍：《默記》，北京：中華書局，1981 年。
7. 樂史：《太平寰宇記》，文淵閣四庫全書第 469 冊，臺北：台灣商務印書館，1986 年。
8. 司馬光：《涑水記聞》，北京：中華書局，1989 年。
9. 司馬光：《傳家集》，文淵閣四庫全書第 1094 冊，臺北：台灣商務印書館，1986 年。
10. 包拯：《包孝肅奏議集》，文淵閣四庫全書第 427 冊，臺北：台灣商務印書館，1986 年。
11. 葉夢得：《石林燕語》，北京：中華書局，1984 年。
12. 劉敞：《公是集》，文淵閣四庫全書第 1095 冊，臺北：台灣商務印書館，1986 年。
13. 孫逢吉：《職官分紀》，文淵閣四庫全書本，北京：中華書局，1988 年。
14. 朱弁：《曲洧舊聞》，北京：中華書局，2002 年。

15. 朱彧：《萍洲可談》，北京：中華書局，2007 年。

16. 朱熹：《朱熹集》，成都，四川教育出版社，1996 年。

17. 李心傳：《建炎以來朝野雜記》，北京：中華書局，2000 年。

18. 李心傳：《舊聞證誤》，北京：中華書局，1981 年。

19. 李燾：《續資治通鑑長編》，北京：中華書局，2004 年。

20. 宋敏求：《春明退朝錄》，北京：中華書局，1980 年。

21. 吳士連等修，陳荊和編校：《大越史記全書》，東京：東京大學東洋文化研究所，1984 年。

22. 吳儆：《竹洲集》，文淵閣四庫全書第 1142 冊，臺北：台灣商務印書館，1986 年。

23. 吳廣成著，龔世俊等校證：《西夏書事校證》，蘭州：甘肅文化出版社，1995 年。

24. 吳處厚：《青箱雜記》，北京：中華書局，1985 年。

25. 沈括：《夢溪筆談》，北京：中華書局，2015 年。

26. 蘇頌：《蘇魏公文集》，文淵閣四庫全書本第 1092 冊，臺北：台灣商務印書館，1986 年。

27. 蘇轍：《欒城集》，文淵閣四庫全書本第 1112 冊，臺北：台灣商務印書館，1986 年。

28. 蘇轍：《龍川略志》，北京：中華書局，1982 年。

29. 周春著，胡玉冰校補：《西夏書校補》，北京：中華書局，2014 年。

30. 周煇：《清波雜志》，北京：中華書局，1994 年。

31. 羅大經：《鶴林玉露》，北京：中華書局，1983 年。

32. 邵伯溫：《邵氏聞見錄》，北京：中華書局，1983 年。

33. 陳師道：《後山談叢》，北京：中華書局，2007 年。

34. 陸游：《老學庵筆記》，北京：中華書局，1979 年。

35. 洪邁：《容齋隨筆》，文淵閣四庫全書第 851 冊，臺北；台灣商務印書館，1986 年。

36. 徐自明：《宋宰輔編年錄校補》，北京：中華書局，1986 年。

37. 范仲淹：《范仲淹全集》，成都：四川大學出版社，2007 年。

38. 范成大：《桂海虞衡志》，收於《范成大筆記六種》，北京：中華書局，2002 年。

39. 范鎮：《東齋記事》，北京：中華書局，1980 年。

40. 張方平：《樂全集》，文淵閣四庫全書本第 1104 冊，臺北：台灣商務印書館，1986 年。

41. 張鑑：《西夏紀事本末》，蘭州：甘肅文化出版社，1998 年。

42. 徐松輯，劉琳、刁忠民、舒大剛校點：《宋會要輯稿》，上海：上海古籍出版社，2014 年。

43. 程郁、張和生校注：《孫子兵法》，長沙：湖南出版社，1993 年。

44. 蔡絛：《鐵圍山叢談》，北京：中華書局，1983 年。

45. 薛居正：《舊五代史》，北京：中華書局，1974 年。

46. 歐陽修：《歸田錄》，北京：中華書局，1981 年。

47. 歐陽修、宋祁：《新唐書》，北京：中華書局，1975 年。

48. 曾公亮、丁度：《武經總要》，文淵閣四庫全書第 726 冊，臺北：臺灣商務印書館，1986 年。

49. 黃以周等輯注：《續資治通鑑長編拾補》，北京：中華書局，2004 年。

50. 黃淮、楊士奇等編：《歷代名臣奏議》，上海：上海古籍出版社，1989 年。

51. 黃震：《古今紀要》，文淵閣四庫全書本第 384 冊，臺北：台灣商務印書館，1986 年。

52. 魏泰：《東軒筆錄》，北京：中華書局，1983 年。

53. 楊仲良：《皇宋通鑑長編紀事本末》，哈爾濱：黑龍江人民出版社，2006 年。

54. 脫脫：《宋史》，北京：中華書局，1985 年。

55. 脫脫：《遼史》，北京：中華書局，1974 年。

56. 脫脫：《金史》，北京：中華書局，1975 年。

57. 趙令畤：《侯鯖錄》，北京：中華書局，2002 年。

58. 趙彥衛：《雲麓漫鈔》，北京：中華書局，1996 年。

59. 趙善沛：《元豐官制不分卷》，臺北：文海出版社，1981 年。

60. 趙汝适：《諸蕃志》，北京：中華書局，1996 年。

61. 趙汝愚：《宋朝諸臣奏議》，上海：上海古籍出版社，1999 年。

62. 趙翼：《廿二史箚記》，北京：中國書店，1987 年。

63. 潘清簡等纂修：《欽定越史通鑑綱目》，臺北：中央圖書館影印本，1969 年。

64. 鄒浩：《道鄉集》，文淵閣四庫全書第 1121 冊，臺北：台灣商務印書館，1986 年。

65. 顧祖禹：《讀史方輿紀要》，北京：中華書局，1955 年。

66. 釋文瑩：《湘山野錄》，北京：中華書局，1984 年。

## 二、近人著作（專書）

1. 小野寺郁夫：《王安石》，東京：人物往來社，1967 年。

2. 小林義廣：《王安石：北宋の孤高の改革者》，東京：山川出版社，2013 年。

3. 王可喜：《王韶家族研究文獻集》，南昌：江西高校出版社，2018 年。

4. 王曾瑜：《宋朝兵制初探》，北京：中華書局，1983 年。增訂本：《宋朝軍制初探（增訂本）》，北京：中華書局，2011 年。

5. 王菡：《宋哲宗》，長春：吉林文史出版社，1997 年。

6. 方震華：《和戰之間的兩難——北宋中後期的軍政與遼夏關係》，北京：社會科學文獻出版社，2020 年。

7. 孫家驊、鄒錦良：《王韶研究文獻集》，南昌：江西高校出版社，2018 年。

8. 東一夫：《王安石新法の研究》，東京：風間書房，1970 年。

9. 劉成國：《王安石年譜長編》，北京：中華書局，2018 年。

10. 仲偉民：《宋神宗》，長春：吉林文史出版社，1997 年。

11. 任崇岳：《宋徽宗·宋欽宗》，長春：吉林文史出版社，1996 年。

12. 齊德舜：《唃廝囉家族世系史》，北京：民族出版社，2011 年。

13. 李華瑞：《王安石變法研究史》，北京：人民出版社，2004 年。

14. 李華瑞：《宋夏關係史》，北京：中國人民大學出版社，2010 年。

15. 李昌憲：《宋代安撫使考》，濟南：齊魯書社，1997 年。

16. 吳廷燮：《北宋經撫年表·南宋制撫年表》，北京：中華書局，1984 年。

17. 余英時：《朱熹的歷史世界——宋代士大夫政治文化的研究》，臺北：允晨文化，2003 年。

18. 何冠環：《拓地降敵：北宋中葉內臣名將李憲事蹟考述》，臺北：花木蘭文化出版社，2019 年。

19. 何冠環：《宮闈內外：宋代內臣研究》，臺北：花木蘭文化出版社，2018 年。

20. 何冠環：《北宋武將研究》，香港：中華書局，2003 年。

21. 何冠環：《攀龍附鳳：北宋潞州上黨李氏外戚將門研究》，香港：中華書局，2013 年。

22. 嚴耕望：《唐代交通圖考》，上海：上海古籍出版社，2007 年。

23. 陳重金：《越南通史》，北京：商務印書館，1992 年。

24. 陳峰：《北宋武將群體與相關問題研究》，北京：中華書局，2004 年。

25. 佐伯富：《王安石》，東京：中央公論社，1990 年。

26. 曾瑞龍：《北宋種氏將門之形成》，香港：中華書局，2010 年。

27. 曾瑞龍：《拓邊西北：北宋中後期對夏戰爭研究》，香港：中華書局，2006 年。

28. 周緯：《中國兵器史稿》，臺北：明文書局，1981 年。

29. 明崢：《越南史略》，北京：三聯書店，1958 年。

30. 鄧廣銘：《北宋政治改革家王安石》，北京：人民出版社，1997 年。

31. 祝啟源著、趙秀英整理：《青唐盛衰：唃廝囉政權研究》，西寧：青海人民出版社，2010 年。

32. 趙冬梅：《文武之間：北宋武選官研究》，北京：北京大學出版社，2010 年。

33. 陶晉生：《宋遼關係史研究》，臺北：聯經出版公司，1984 年。

34. 陶晉生：《宋代外交史》，臺北：聯經出版公司，2020 年。

35. 陶晉生：《宋遼金史論叢》，臺北：聯經出版公司，2013 年。

36. 彭慧雯：《宋代幕職州縣官之研究》，收於王明蓀主編：《古代歷史文化研究輯刊・六編》，臺北：花木蘭文化出版社，2011 年 9 月。

37. 梁啟超：《王安石評傳》，上海：世界書局，1935 年。

38. 漆俠：《王安石變法》（《漆俠全集》第 2 卷），保定：河北大學出版社，2008 年。

39. 雷家聖：《宋代監當官體系之研究》，收於王明蓀主編：《古代歷史文化研究輯刊・初編》第 13 冊，臺北：花木蘭文化出版社，2009 年。

40. 雷家聖：《失落的真相：晚清戊戌政變史事新探》，台北：五南圖書公司，2016 年。簡體字版：《引狼入室：晚清戊戌史事新探》，上海：中西書局，2019 年。

41. 黃純怡：《北宋的外戚與政治》，臺北：萬卷樓，2016 年。

42. 錢穆：《國史大綱》，北京：商務印書館，1996 年。

43. 錢穆：《中國歷代政治得失》，臺北：東大圖書公司，1977 年。

44. 龔延明：《宋代官制詞典》，北京：中華書局，1997 年。

## 三、近人著作（碩博士論文）

1. 丁義珏：《北宋前期的宦官：立足于制度史的考察》，北京大學博士論文，2013 年。

2. 于忠璽：《試論王安石保甲法的地位和作用》，山東大學碩士論文，2010 年。

3. 王宏：《北宋置將法淵源探研》，西北大學碩士論文，2002 年。馬秋菊：《兩宋鄉村職役的發展》，雲南大學碩士論文，2012 年。

4. 王敏安：《北宋母后聽政及其與士大夫的政治關係──以劉太后與高太皇太后為探討中心》，臺北：國立臺灣師範大學碩士論文，2008 年。

5. 古麗巍：《宋神宗元豐之政的形成與展開》，北京大學博士論文，2011 年。

6. 朱瑞：《北宋鄜延路邊防地理探微》，寧夏大學碩士論文，2013 年。

7. 李馳：《宋代軍器監研究》，河南大學碩士論文，2016 年。

8. 吳眉靜：《宋代的漢「蠻」關係及其治理政策──以荊湖北路兩江地區為討論中心》，臺北：國立台灣師範大學碩士論文，2002 年。

9. 林秋均：《奸相或能臣：章惇與哲宗後期紹述新政之研究》，臺北：國立臺灣師範大學碩士論文，2006 年。

10. 許玲：《宦官與宋神宗哲宗兩朝政治研究》，山東大學碩士論文，2016 年。

11. 席文：《王安石保甲法研究──以兵制和鄉里制度的變革為視角》，山東大學碩士論文，2012 年。

12. 翁建道：《北宋出征行營之研究》，臺北：中國文化大學博士論文，2005 年。

13. 翁建道：《北宋西北地區的鄉兵》，台中：國立中興大學碩士論文，1997 年。

14. 湯佩津：《北宋的南邊政策──以交趾為中心》，嘉義：國立中正大學博士論文，2004 年。

15. 籍勇：《宋神宗軍事思想研究》，河北大學碩士論文，2009 年。

## 四、近人著作（期刊論文）

1. 丁義珏：〈宋代御藥院機構與職能考論〉，《中華文史論叢》2018 年第 2 期，第 223～251 頁。

2. 刁培俊：〈宋朝「保甲法」四題〉，《中國史研究》2009 年第 1 期，第 69～81 頁。

3. 王麗：〈宋代的豪強形勢戶〉，《天中學刊》2008 年第 3 期，第 105～108 頁。

4. 王軍營：〈北宋中後期兵學發展特徵論略〉，《西北大學學報（哲社版）》2019 年第 1 期，第 172～180 頁。

5. 王曾瑜：〈王安石變法簡論〉，收入王曾瑜：《錙銖編》，保定：河北大學出版社，2006 年，第 1～40 頁。

6. 王曾瑜：〈從市易法看中國古代的官府商業和借貸資本〉，收於王曾瑜：《錙銖編》，第 71～90 頁。

7. 王曾瑜：〈宋徽宗時的宦官群〉，收於黃正建主編：《隋唐遼宋金元史論叢》第 5 輯，上海：上海古籍出版社，2015 年，第 141～186 頁。

8. 王連旗：〈北宋王韶、王厚的西北經略與邊疆安全——以軍政經略為中心〉，《寧夏社會科學》2016 年第 1 期，第 193～197 頁。又收於孫家驊、鄒錦良：《王韶研究文獻集》，第 213～224 頁。

9. 王連旗、李玉潔：〈北宋後期的西北經濟開發與邊疆安全——以王韶的西北經濟開發為中心〉，《北京行政學院學報》2017 年第 2 期，第 101～107 頁。

10. 王戰揚：〈北宋中後期對夏戰爭的軍事決策及其成敗〉，《東嶽論叢》第 40 卷第 9 期，2019 年 9 月，第 101～111 頁。

11. 王曉燕：〈王韶經營熙河管窺〉，《中央民族大學學報（哲社版）》2005 年第 5 期，第 86～91 頁。又收於孫家驊、鄒錦良：《王韶研究文獻集》，第 237～248 頁。

12. 方震華：〈戰爭與政爭的糾葛——北宋永樂城之役的紀事〉，《漢學研究》第 29 卷第 3 期，2011 年 9 月，第 125～154 頁。

13. 方震華：〈理想兵制的形塑——唐宋時期的兵農合一論〉，收於黃寬重主編：《基調與變奏：七至二十世紀的中國》，臺北：國立政治大學歷史系，2008 年，第三冊，第 85～105 頁。

14. 方震華：〈將從中御的困境——軍情傳遞與北宋神宗的軍事指揮〉，《台大歷史學報》第 65 期，2020 年 6 月，第 1～13 頁。

15. 尹敬坊：〈關於宋代的形勢戶問題〉，《北京師範大學學報》1980 年第 6 期，第 26～35 頁。

16. 韋祖松：〈高瓊與「澶淵之盟」〉，《青海師範大學學報（哲學社會科學版）》，2005 年第 3 期，第 60～64 頁。

17. 韋祖松、張其凡：〈簡論高瓊澶淵之功〉，《歷史教學》2005 年第 10 期，第 65～67 頁。

18. 韋祖松：〈論北宋安徽名將高瓊〉，《安徽師範大學學報（人文社會科學版）》，第 34 卷第 1 期，2006 年 1 月，第 24～28 頁。

19. 鄧小南：〈走向活的制度史：以宋代官僚政治制度史研究為例的點滴思考〉，《浙江學刊》2003 年第 3 期。

20. 史繼剛：〈論宋代的兵器生產及其質量〉，《天府新論》2004 年第 4 期，第 99～104 頁。

21. 馮瑞、賀興：〈王韶《平戎策》及其經略熙河〉，《蘭州大學學報（社會科學版）》2002 年第 1 期，第 63～69 頁。又收於孫家驊、鄒錦良：《王韶研究文獻集》，南昌：江西高校出版社，2018 年，第 225～236 頁。

22. 田志光：〈宋太宗朝「將從中御」政策施行考：以宋遼、宋夏間著名戰役為例〉，《軍事歷史研究》2011 年第 2 期，第 101～107 頁。

23. 申慧青：〈簡論北宋對絲綢之路的經營與利用〉，《宋史研究論叢》第 19 輯，保定：河北大學出版社，2017 年，第 537～547 頁。

24. 全漢昇：〈略論宋代經濟的進步〉，收於全漢昇：《中國經濟史研究》，臺北：稻鄉出版社，1991 年，下冊，第 551～569 頁。

25. 宋晞：〈異論相攪——北宋的變法及其紛爭〉，收於《歷史月刊》第 138 期，臺北：歷史月刊社，1999 年 7 月，第 45～51 頁。

26. 冷輯林、樂文華：〈宋神宗是熙豐變法的主宰〉，《江西社會科學》1999 年第 1 期，第 100～104 頁。

27. 李榮村：〈宋元以來湖南東南的猺區〉，《國立編譯館館刊》，第 1 卷第 2 期，1972 年 3 月，第 76～105 頁。

28. 李榮村：〈宋代湖北路兩江地區的蠻亂——量化研究之例〉，《邊政研究所年報》第 9 期，1978 年 7 月，第 131～181 頁。

29. 李蔚：〈宋夏橫山之爭述論〉，《民族研究》1987 年第 6 期，第 68～76 頁。

30. 李強：〈北宋經制西北吐蕃之模式述論——以熙河路的範圍變化為點〉，《康定民族師範高等專科學校學報》2005 年第 1 期，第 17～21 頁。

31. 李鮮：〈宋史高瓊傳考證〉，《許昌學院學報》，2014 年第 3 期，第 87～88 頁。

32. 佐伯富著，魏美月譯：〈宋代走馬承受之研究〉，《東方雜誌》復刊第 13 卷第 8、9、10 期，1980 年 2、3、4 月。

33. 佐伯富著，魏美月譯：〈宋代之皇城司〉，《東方雜誌》復刊第 11 卷第 2 期，1977 年 8 月，第 40～54 頁。

34. 周寶珠：〈關於宋代詭名戶問題〉，《開封師院學報（社會科學版）》1978 年第 2 期，第 42～52 頁。

35. 阮明道：〈宋代的形勢戶〉，《南充師院學報（哲學社會科學版）》，1981 年第 2 期，第 69～74 頁。

36. 汪天順：〈熙河開發與北宋國家統一述評〉，《雲南社會科學》2002 年第 3 期，第 76～80 頁。

37. 林天蔚：〈北宋積弱的三種新分析〉，收於宋史座談會編：《宋史研究集》第九輯，臺北：國立編譯館，1977 年，第 147～198 頁。

38. 林天蔚：〈宋代猺亂編年紀事〉，《宋史研究集》第六輯，臺北：國立編譯館，1971 年 12 月，第 457～485 頁。

39. 林瑞翰：〈宋代兵制初探〉，《台大歷史學報》第 3 期，1976 年 5 月，第 101～118 頁；又收於《宋史研究集》第 12 輯，臺北，國立編譯館，1980 年，第 113～145 頁。

40. 岡田宏二：〈唐宋時代洞庭湖及其以南的少數民族〉，《世界華學季刊》第 1 卷第 4 期，1980 年 12 月，第 19～24 頁。

41. 范學輝：〈「將從中御」始于宋太祖考〉，《安徽師範大學學報（人文社會科學版）》2006 年第 1 期，第 20～23 頁。

42. 伊藤一馬：〈北宋における將兵制成立と陝西地域：対外情勢をめぐって〉，《史學雜誌》第 120 卷第 6 號，2011 年。

43. 伊藤一馬：〈北宋陝西地域の將兵制と地方統治體制〉，《待兼山論叢・史學篇》第 46 輯，2012 年 12 月，第 1～25 頁。

44. 程民生：〈宋代御藥院探秘〉，《文史哲》2014 年第 6 期，第 80～96 頁。

45. 程民生：〈北宋探事機構——皇城司〉，《河南大學學報（社會科學版）》1984 年第 4 期，第 37～41 頁。

46. 高錦花、白晶麗：〈种世衡及种家將西北事蹟考略〉，《延安大學學報（社會科學版）》2014 年第 6 期，第 112～116 頁。

47. 高建國：〈北宋府州折氏與党項族的關係——兼論唐末五代時期陝北地區的民族變遷〉，《西北民族論叢》2017 年第 2 期，第 137～150、420～421 頁。

48. 陳瑋：〈後晉刺史李仁寶墓誌銘考釋〉，《西夏學》第 11 輯，2015 年 3 月，第 138～143 頁。

49. 陳瑋：〈後周綏州刺史李彝謹墓誌銘考釋〉，《西夏學》第 5 輯，2010 年 10 月，第 234～240 頁。

50. 武金山：〈宋代官方兵器的改良〉，收於《中國史研究》（韓國）第 76 輯，2012 年 2 月，第 69～94 頁。

51. 俞菁慧：〈周禮「比閭什伍」與王安石保甲經制研究〉，《中國史研究》2016 年第 2 期，第 111～131 頁。

52. 鄭峰：〈論北宋元祐時期的保甲法〉，《江西教育學院學報（社會科學）》2012 年第 1 期，第 148～150 頁。

53. 鄭勝明：〈宋代保甲法的鄉村社會控制功能〉，《河北大學成人教育學院學報》2008 年第 1 期，第 94～96 頁。

54. 羅家祥：〈北宋晚期王厚軍事活動論略〉，收於鄧小南、楊果、羅家祥主編，《宋史研究論文集（2010）》，武漢：湖北人民出版社，2011 年 6 月，第 227～248 頁。

55. 羅家祥：〈北宋晚期的政局演變與武將命運——以王厚軍事活動為例〉，《學術研究》2011 年第 11 期，第 98～106 頁；又收於王可喜：《王韶家族研究文獻集》，南昌：江西高校出版社，2018 年，第 3～21 頁。

56. 羅球慶：〈北宋兵制研究〉，《新亞學報》第 3 卷第 1 期，1957 年 8 月，第 167～270 頁。

57. 趙滌賢：〈試論北宋變法派改革的成功〉，《歷史研究》1997 年第 6 期。

58. 劉小寧、王科社〈党項仁多氏東遷與靜寧「仁大」地名的出現〉，《絲綢之路》2013 年第 14 期，第 5～8 頁。

59. 劉學峰：〈北宋高瓊家族初探〉，《巢湖學院學報》，2003 年第 5 卷第 1 期，

第 54～58 頁。

60. 張生寅：〈北宋震武軍城位置考辨——兼談門源縣境內幾座古城的始築年代〉，《青海社會科學》2009 年第 1 期，第 102～106 頁。

61. 張邦煒：〈北宋宦官問題辨析〉收於張邦煒：《宋代政治文化史論》，北京：人民出版社，2005 年。

62. 張邦煒：〈南宋宦官權勢的削弱〉，收於張邦煒：《宋代政治文化史論》，北京：人民出版社，2005 年，第 47～97 頁。

63. 張多勇、楊蕤：〈西夏綏州——石州監軍司治所與防禦系統考察研究〉，《西夏研究》2016 年第 3 期，第 57～65 頁。

64. 薛正昌：《府州折氏家族析論》，《西夏研究》2019 年第 1 期，第 38～41 頁。

65. 聶麗娜：〈高遵裕與元豐四年靈州之戰〉，《寧夏社會科學》，2015 年第 1 期，第 135～138 頁。

66. 湯佩津：〈北宋真、仁宗時期對交趾的政策〉，收於《中國歷史學會史學集刊》第 38 期，2006 年 7 月，第 75～118 頁。

67. 楊德華、王榮甫：〈略論王安石變法中「將兵法」和「保馬法」的積極意義〉，《雲南師範大學哲學社會科學學報》1992 年第 6 期。

68. 楊芳：〈北宋蘭州經略述論〉，收於李華瑞、何玉紅編：《陳守忠教授誕辰百年紀念論文集》，北京：中國社會科學出版社，2021 年，第 359～371 頁。

69. 秦克宏：〈二十世紀以來海內外宋代宦官研究綜述〉，《中國史研究動態》2012 年第 2 期，第 9～16 頁。

70. 崔紅鳳：〈北宋熙河路名變遷考〉，《西夏研究》2016 年第 1 期，第 75～78 頁。

71. 陳守忠：〈王安石變法與熙河之役〉，《西北師大學報（社會科學版）》，1980 年第 3 期，第 3～14 頁。

72. 陳峰：〈論北宋後期文臣與宦官共同統軍體制的流弊〉，收於朱瑞熙、王曾瑜、蔡東洲主編：《宋史研究論文集（第十一輯）》，成都：巴蜀書社，2006 年，第 92～108 頁。

73. 陳曉珊：〈北宋保甲法制定與實施過程中的區域差異〉，《史學月刊》2013 年第 6 期，第 49～56 頁。

74. 周道濟:〈宋代宰相名稱與其實權之研究〉,收於宋史座談會編:《宋史研究集》第 3 輯,臺北:國立編譯館,1966 年,第 245～263 頁。

75. 彭向前:〈試論王安石對《平戎策》的修正〉,《宋史研究論叢》第 5 輯,保定:河北大學出版社,2003 年,第 150～159 頁。

76. 雷明亮、彭向前:〈梁乙埋、梁乞逋父子考〉,《西夏研究》2018 年第 2 期,第 44～47 頁。

77. 雷家聖:〈宋夏戰爭時期范仲淹的薦才用人策略──以滕宗諒、种世衡為例〉,《東華人文學報》第 11 期,2007 年 7 月,第 121～142 頁。

78. 雷家聖:〈西夏梁太后:你不知道的巾幗英雄(上)〉,《國文天地》第 28 卷第 2 期,2012 年 7 月,第 50～54 頁。

79. 雷家聖:〈西夏梁太后:你不知道的巾幗英雄(下)〉,《國文天地》第 28 卷第 3 期,2012 年 8 月,第 41～44 頁。

80. 雷家聖:〈北宋後期的西北戰爭與軍功世家的興衰──以王韶、种諤家族為例〉,《史學彙刊》第 33 期,2014 年 12 月,第 67～92 頁。

81. 雷家聖:〈北宋禁軍編制的演變與「置將法」的實施〉,《史學彙刊》第 34 期,2015 年 12 月,第 99～124 頁。

82. 雷家聖:〈試論宋神宗熙寧時期的宋越戰爭〉,鄧小南、范立舟主編:《宋史會議論文集 2014》,北京:中國社會科學出版社,2016 年 7 月,第 293～321 頁。

83. 雷家聖:〈高遵裕與宋夏靈州之役的再探討〉,《首都師範大學學報(社會科學版)》2019 年第 2 期,第 19～29 頁。

84. 雷家聖:〈乾綱獨斷──由樞密院長貳的任用看宋神宗軍事決策的特色〉,姜錫東主編:《宋史研究論叢》第 26 輯,北京:科學出版社,2020 年 6 月,第 3～19 頁。

85. 雷家聖:〈宋神宗時期的宦官與戰爭──以李憲、王中正為例〉,《文化典籍》第 2 輯,上海:中西書局,2020 年 11 月,第 118～132 頁。

86. 雷家聖:〈北宋時期綏州的戰略地位與宋夏關係〉,《中國邊疆史地研究》2020 年第 4 期,第 119～128 頁。

87. 雷家聖:〈理想兵制的困境──宋神宗時期「保甲法」的再探討〉,《河南大學學報(社會科學版)》2021 年第 6 期,第 59～64 頁。

88. 廖寅:〈北宋軍事家王韶研究三題〉,「十至十三世紀西北史地國際學術研

討會暨中國宋史研究會第十八屆年會」宣讀論文，蘭州：西北師範大學主辦，2018 年 8 月 15～17 日。

89. 柳立言：〈以閹為將：宋初君主與士大夫對宦官角色的認定〉，收於《宋史研究集》第 26 輯，臺北：宋史座談會，1997 年，第 249～305 頁。

90. 遲景德：〈宋元豐改制前之宰相機關與三司〉，收於宋史座談會編：《宋史研究集》第 7 輯，臺北：國立編譯館，1974 年，第 607～622 頁。

91. 遲景德：〈宋代宰樞分立制之演變〉，宋史座談會編：《宋史研究集》第 15 輯，臺北：國立編譯館，1984 年，第 35～62 頁。

92. 梁庚堯：〈市易法述〉，收入梁庚堯：《宋代社會經濟史論集》上冊，臺北：允晨文化，1997 年。

93. 梁庚堯：〈北宋元豐伐夏戰爭的軍糧問題〉，《宋史研究集》，第 26 輯，臺北：宋史座談會，1997 年，第 31～174 頁。

94. 張元：〈從王安石的先王觀念看他與宋神宗的關係〉，收入宋史座談會編：《宋史研究集》第 23 輯，臺北：國立編譯館，1995 年，第 273～299 頁。

95. 崔英超：〈熙豐變法的醞釀——談宋神宗變法思想的形成〉，《甘肅社會科學》2002 年第 5 期，第 126～129 頁。

96. 崔英超、張其凡：〈論宋神宗在熙豐變法中主導權的逐步強化〉，《江西社會科學》2003 年第 5 期，第 119～122 頁。

97. 崔英超、張其凡：〈熙豐變法中宋神宗作用之考析〉，《暨南學報（人社版）》2004 年第 3 期，第 116～123 頁。

98. 顧全芳：〈宋神宗與熙豐變法〉，《學術月刊》1988 年第 8 期，第 72～77 頁。

99. 顧宏義：〈宋徽宗朝王厚克復湟鄯之戰〉，《「全國首屆王韶學術研討會」會議論文集》，江西：南昌大學，2019 年 11 月，第 101～113 頁。

100. 齊德舜：〈《宋史‧唃廝囉傳》箋證〉，《西藏研究》2015 年第 3 期，第 23～36 頁。

101. 齊德舜：〈《宋史‧董氈傳》箋證〉，《西藏研究》2014 年第 3 期，第 25～40 頁。

102. 齊德舜：〈《宋史‧阿里骨傳》箋證〉，《西藏研究》2012 年第 2 期，第 28～36 頁。

103. 齊德舜：〈《宋史‧瞎征傳》箋證〉，《西藏研究》2013 年第 3 期，第 17～

26 頁。

104. 齊德舜：〈《宋史・趙思忠傳》箋證〉，《西藏研究》2011 年第 2 期，第 28 ～35 頁。

105. 齊德舜：〈從贊普到土司──唃廝囉家族家國之間的政治嬗變研究〉，《中 國藏學》2017 年第 3 期，第 133～142 頁。

106. 蘇俊芳：〈北宋武將高繼嵩神道碑考釋〉，《西夏研究》2016 年第 3 期，第 84～89 頁。

107. 籍勇：〈論北宋攻城戰──以元豐五路攻夏戰役為中心〉，《西夏研究》2010 年第 3 期，第 9～13 頁。

108. Paul J. Smith,"Irredentism as Political Capital: The New Policies and the Annexation of Tibetan Domain in Hehuang (the Qinghai-Gansu Highlands) Under Shenzong and his Sons, 1068-1126", in Patricia Buckley Ebrey and Maggie Bickford ed., *Emperor Huizong and Late Northern Song China: The Politics of Culture and the Culture of Politics*, Cambridge, Mass.: Harvard University Asia Center, 2006, pp.78-130.

# 後　記

　　本書的寫作，開始於兩條史料得到的靈感。一為《宋史》卷 11〈仁宗紀三〉記載：「（仁宗慶曆元年）元昊寇渭州，環慶路馬步軍副總管任福敗于好水川，福及將佐軍士死者六千餘人。」另一條為《宋史》卷 486〈夏國傳二〉說道：「宋自熙寧用兵以來，凡得葭蘆、吳保、義合、米脂、浮圖、塞門六堡，而靈州永樂之役，官軍熟羌義保死者六十萬人，錢粟銀絹以萬數者不可勝計，帝臨朝痛悼，而夏人亦困弊。」兩相比較之下，仁宗時期好水川之戰戰死六千餘人，成為研究宋史者耳熟能詳的重要戰役，而靈州永樂之役死者六十萬人，為好水川之戰的一百倍，其名聲卻遠不如好水川之戰。因此，我的問題是，仁宗時期與神宗時期動員兵力的數字為何能夠相差如此之大？神宗時期的軍事動員能力為何突飛猛進？如此龐大的軍隊為何戰敗？從這一連串的問題出發，開始了本書的寫作之路。

　　我的寫作方式，是先從單篇論文著手，從較小的問題出發，一步一步將當時的整體情況描繪出來。從 2012 年開始，陸續發表了下列論文：

　　〈西夏梁太后：你不知道的巾幗英雄（上）〉，《國文天地》第 28 卷第 2 期，2012 年 7 月，第 50～54 頁。

　　〈西夏梁太后：你不知道的巾幗英雄（下）〉《國文天地》第 28 卷第 3 期，2012 年 8 月，第 41～44 頁。

　　〈北宋後期的西北戰爭與軍功世家的興衰──以王韶、种諤家族為例〉，《史學彙刊》第 33 期，2014 年 12 月，第 67～92 頁。

　　〈北宋禁軍編制的演變與「置將法」的實施〉，《史學彙刊》第 34 期，2015

年 12 月，第 99～124 頁。

〈試論宋神宗熙寧時期的宋越戰爭〉(《宋史會議論文集 2014》，北京：中國社會科學出版社，2016 年 7 月，第 293～321 頁。

2017 年 9 月至上海師範大學古籍整理研究所工作後，2018 年又通過中國大陸國家社會科學基金一般項目的申請，以《宋神宗的軍事改革與對夏經略研究》為題，進行更深入的探討，陸續發表下列論文：

〈高遵裕與宋夏靈州之役的再探討〉，《首都師範大學學報（社會科學版）》2019 年第 2 期，第 19～29 頁。

〈乾綱獨斷──由樞密院長貳的任用看宋神宗軍事決策的特色〉，姜錫東主編：《宋史研究論叢》第 26 輯，北京：科學出版社，2020 年 6 月，第 3～19 頁。

〈宋神宗時期的宦官與戰爭──以李憲、王中正為例〉，《文化典籍》第 2 輯，上海：中西書局，2020 年 11 月，第 118～132 頁。

〈北宋時期綏州的戰略地位與宋夏關係〉，《中國邊疆史地研究》2020 年第 4 期，第 119～128 頁。

〈理想兵制的困境──宋神宗時期「保甲法」的再探討〉，《河南大學學報（社會科學版）》2021 年第 6 期，第 59～64 頁。

當論文累積一定數量之後，最後加以整理整合，成為本書。

而在本書寫作的階段，2020 年初新冠疫情爆發，此時我正返回台灣過寒假，因疫情而無法回到上海。因此我一方面要給學生在網上上課，一方面還要在缺少參考材料（書籍資料大都放在上海）的情況下，撰寫了本書的大部分內容，至今想來，這段日子真是人生一大挑戰。八月疫情稍緩，回到上海後，繼續寫作工作，至 2022 年 2 月，全書初稿完成，並通過國家社科基金的審查，順利完成結項。

在本書的寫作過程中，除了得到國家社會科學基金一般項目的資助外，還有許多朋友提供資料、參與討論，在此就不一一致謝了。

本書的內容，雖然仍有很多不足之處，但如果本書可以提供讀者對北宋後期歷史、宋神宗的是非功過、宋朝對外經略等問題，提供一些新的思考方向，則於願足矣。成書之際，略紓感言，是為後記。

雷家聖　2023.8.15